"十四五"职业教育国家规划教材

职业教育财经商贸类专业教学用书

纳税实务

（第二版）

主　编　蒋耀琴

副主编　龚如彦　吴浩伟

华东师范大学出版社

·上海·

图书在版编目(CIP)数据

纳税实务/蒋耀琴主编. —2 版. —上海:华东师范大学
出版社,2018
ISBN 978 - 7 - 5675 - 7703 - 9

Ⅰ.①纳… Ⅱ.①蒋… Ⅲ.①纳税-税收管理-中国-
中等专业学校-教材 Ⅳ.①F812.423

中国版本图书馆 CIP 数据核字(2018)第 095429 号

纳税实务(第二版)

职业教育财经商贸类专业教学用书

主　　编　蒋耀琴
项目编辑　何　晶
审读编辑　郭　红
责任校对　王建芳
装帧设计　庄玉侠

出版发行　华东师范大学出版社
社　　址　上海市中山北路 3663 号　邮编 200062

网　　址　www.ecnupress.com.cn
电　　话　021 - 60821666　行政传真　021 - 62572105
客服电话　021 - 62865537　门市(邮购)电话　021 - 62869887
地　　址　上海市中山北路 3663 号华东师范大学校内先锋路口
网　　店　http://hdsdcbs.tmall.com

印刷者　常熟市文化印刷有限公司
开　　本　787 毫米×1092 毫米　1/16
印　　张　9.75
字　　数　237 千字
版　　次　2019 年 7 月第 2 版
印　　次　2025 年 6 月第 9 次
书　　号　ISBN 978 - 7 - 5675 - 7703 - 9
定　　价　25.00 元

出 版 人　王　焰

出版说明（第二版）

CHUBANSHUOMING

本书是职业教育商贸、财经专业的教学用书，主要可作为会计等相关专业课程的教材。

本书针对目前职业教育商贸、财经专业学生的特点进行编写，内容设计以国家最新施行的各类税法为主线，结合各项企业涉税业务，旨在培养和提高学生的实务操作能力。本书在编写过程中，充分考虑到学生的认知水平，结合相关课程的教学要求，在知识点阐述方面力求做到简明扼要，符合实际。

本书设计有以下具体栏目：

学习目标　提纲挈领，简要指出各章的主要学习目标。

本章导入　以名人名言作为每章的引入，同时增强学生的学习兴趣。

小视野　与知识点相关的拓展性内容，有助于拓展学生视野。

小知识　作为书本知识的补充，帮助学生进一步巩固所学。

小思考　针对知识点提出问题，引发学生思考，也可作为课堂提问，以活跃课堂气氛。

小练习　作为课堂练习，需要学生当堂演算，以巩固所学知识。

小归纳　以简洁的文字归纳相关重要知识点，帮助学生记忆和加深印象。

为了方便老师的教学活动，本书还配套有：

《纳税实务·习题集（第二版）》　内容编排与教材一致，所收入习题题型全面，由浅入深，既可供学生练习，也可作为教师的命题参考书。

华东师范大学出版社

2019 年 7 月

前　言（第二版）

　　纳税实务是职业教育商贸、财经专业学生的必修课，它不像基础会计、财务会计和成本会计等传统课程那样具有较长的历史，而是作为一门新型的课程，自 1994 年 1 月 1 日新税收体制和税法体系在我国全面实施以来而产生和发展起来的。它既是一门融税收法规制度和会计核算为一体、专业性较强的课程，也是一门具有时代感、与我们日常经济生活息息相关的课程。

　　本书内容以国家最新颁布的各种税法为主线，结合企业实际工作中发生的各项涉税业务，使学生通过学习能够初步理解纳税实务的基础知识，熟悉增值税、消费税、企业所得税、个人所得税等主要税种的特点、纳税人、征税范围、税目税率、计税依据、计税方法、减免税规定、纳税期限和纳税地点、税收征收管理制度以及纳税申报等相关内容，在初步掌握各税种应纳税额的计算方法的基础上，能够进一步对相关的涉税业务进行会计处理，初步掌握填制纳税申报表的方法。

　　本书针对目前商贸、财经专业学生的特点编写，为了培养和提高学生的实务操作能力，在各章节中设计了大量案例，切合实际、由浅入深、举一反三。便于教师在授课时理论联系实际、边讲边练，方便学生理解课程内容，实现做学一体。

　　本书的第一版完成于 2012 年 12 月，之后国家陆续颁布了许多新的税收政策，如增值税税收政策、进出口税收政策、消费税税收政策、企业所得税税收政策、个人所得税税收政策、财产行为税税收政策及其他税收政策等。尤其是自 2016 年 5 月 1 日起，我国全面推开营业税改征增值税，使得增值税会计核算中会计科目和专栏设置以及常见业务的账务处理发生了很大的变化。2018 年 5 月 1 日起，为进一步落实深化增值税改革的措施，国家简并并降低了增值税税率，以激发市场主体活力，促进实体经济发展。2019 年 1 月 1 日，新的个人所得税法正式实施，首次增加了专项附加扣除，提高了起征点，并优化调整了税率结构。2019 年 1 月 9 日，国家又出台了小微企业更大规模的减税降费措施。2019 年 4 月 1 日起，开始实施降低增值税税率及扩大抵扣范围的政策、加计抵减政策和试行留抵退税制度、出口退税率和离境退税物品退税率调整、增值税发票开具和开票软件升级以及增值税纳税申报等政策制度规定。为了适应以上这些变化，编者进行了大量的学习和培训，认真梳理了财政部和国家税务总局最新颁布的重要税收政策，然后对教材进行了全面的修订，特别是对全面实施营业税改征增值税后的流转税和企业所得税、个人所得税等税收新政进行了详细的修改和完善，同时，编者根据几年来的教材使用情况，认真收集并虚心听取了教师及学生的意见和建议,对教材内容进行了精简、浓缩和整合,以利于教师更好地完成每一个项目的任务,学生更好地学习知识和提高实务操作能力。

本次教材修订工作由主编蒋耀琴负责并完成,对于内容可能存在的缺点和错误,敬请广大师生给予批评指正,以利我们今后不断完善。

编　者

2019 年 7 月

目　录

MULU

纳税实务

第一章　纳税实务总论

【学习目标】

通过本章的学习,明确税收的概念和特征,了解税收的作用,掌握税收制度的构成要素(如:纳税人、征税对象和税率等)。并在此基础上,进一步了解我国现行税收的种类,熟悉与纳税实务有关的会计科目的运用以及纳税实务工作的内容。

> **本章导入**
>
> 美国著名政治家富兰克林曾经说过:"人生中只有两件事不可避免,那就是死亡和纳税"。

第一节　税收基础知识

一、税收的概念

税收是国家为满足社会公共需要,凭借公共权力,运用法律手段,取得财政收入的一种方式。

税收是财政收入最主要的来源,我国的财政收入绝大部分来自于税收收入。税收是国家对国民经济进行宏观调控的重要经济杠杆,对我国的经济和社会发展具有重要的影响。

> **小视野 1-1**
>
> 国家财政收入除了税收之外还包括国家机关的各项收费,如:工商管理费、发行国债、企业和个人的捐款、国际组织的援助等。

二、税收的特征

税收是人类社会发展到一定阶段的产物,它伴随着国家的产生而产生,国家为了实现其职能,向纳税人征收实物或货币以取得物质财富。从本质上看,税收反映的是国家与纳税人之间的一种分配关系,即将一部分社会剩余产品或经济利益从纳税人所有转变为国家所有,国家借助于法律,通过制定各种税法来实现这个转变。因此,从形式上看,税收具有无偿性、强制性、固定性的特征。

(一) 无偿性

无偿性是指国家征税时,不需要对纳税人支付任何报酬;征税后其收入就为国家所有,也不再直接归还给纳税人。

税收对具体的纳税人不存在直接偿还的问题,但对全体纳税人来讲是有偿还的,因为税收无偿性的特征,是由国家财政支出的无偿性决定的。国家把分散的资财集中起来统一安排使

纳税实务

用,为社会提供公共产品和公共服务,为发展科学技术、教育文化卫生事业、环境保护和社会保障,以及加强国防建设等提供强大的物质保障,体现了税收"取之于民、用之于民"的本质。

(二) 强制性

强制性是指国家依据法律征税,纳税人必须依法纳税,否则就要受到法律的制裁。

税收的强制性,不只要求纳税人(包括单位和个人)必须依法纳税,对征税机关(如:国家和地方税务局)以及海关来说,征税也是强制的,不依法征税、多征了税或少征了税,都要受到相应的制裁。

(三) 固定性

固定性是指国家以法律形式预先规定征税对象和征税标准,便于征纳双方共同遵守,不得随意变更。

税收的固定性一方面强调了征税机关只能按预定标准征收,而不能无限度地征收,另一方面又强调了纳税人取得了应纳税的收入或发生了应纳税的行为,也必须按预定标准如数缴纳。

小知识 1-1

对税收的固定性不能绝对化,误以为标准确定后永远不能改变。随着社会经济条件的变化,国家可以通过修订税法、调高或调低税率等手段来改变具体的征税标准。

小归纳 1-1

税收的"三性"中,无偿性是税收的核心特征,国家财政支出采取无偿拨付的特点,要求税收必须采取无偿征收的原则;征税的无偿性,必然要求征税方式的强制性,强制性是无偿性和固定性得以实现的保证;国家财政的固定需要,决定了税收必须具有固定性特征,税收的固定性也是强制性的必然结果。税收的三个特征相互依赖,缺一不可。

税收在缴纳上的无偿性,在征收上的强制性,在征税对象和征税标准上的固定性,是税收的三个形式特征,是古今中外税收的共性,同时具备这三个特征的才叫税收,"税收三性"是区别税与非税的重要依据。

 小练习 1-1

运用"税收三性"来判断下列哪些是税,哪些非税。(在对应框中打"√")

项　　目	税	非税
1. 捐款		
2. 医药费		
3. 企业签订购销合同按购销金额的 3‰ 贴花		

纳税实务

项　目	税	非税
4. 学费		
5. 企业实现利润总额的 25% 上交国家		
6. 国债利息收入		
7. 企业销售固体盐每吨应上交国家 30 元		
8. 规费收入		
9. 销售粮食白酒每吨应上交国家 240 元		
10. 罚没收入		

续　表

三、税收的作用

（一）税收是国家组织财政收入的主要工具

由于税收具有无偿性、强制性、固定性的特征，使得税收成为国家财政收入的主要来源。国家从社会经济发展的实际情况出发，开征一定数量的税种，设计适当的税率，将分散在成千上万个经济单位或个人手中的一部分剩余产品或货币聚集起来，形成国家的财政资金，以满足国家的需要。

（二）税收是国家调节经济行为的杠杆

国家通过设置不同的税种、税目、税率以及各种税收优惠政策和税收加成、税收减免等政策，影响人们的经济行为，调节人们的经济利益，促进产业结构、消费结构的合理配置，缩小贫富差距，避免通货膨胀，有利于节能减排、生态保护和可持续发展，使国家经济朝着预定的方向和目标协调发展。

（三）税收是监督社会经济活动的重要保障

税收在组织财政收入的过程中，一方面要求纳税人依法纳税，正确计算并征收税款，对纳税人的纳税行为进行监督和控制，以保证国家和地方的财政收入足额、及时地解缴入库；另一方面如果发现纳税人在生产经营过程中或是在税款缴纳过程中存在问题，可以及时采取措施予以纠正。通过税收的征管和税务检查，对经济领域的违法犯罪现象依法进行处置，维护市场经济秩序，促进国家经济的健康发展。

四、税收制度的构成要素

税收制度简称税制，是国家各种税收法令和征收管理办法的总称，是国家向纳税单位和个人征税的法律依据和工作规程，包括：税收法律、条例、细则、规定、征收管理办法等。税收制度体现国家的税收政策，是国家法律的重要组成部分。税收制度的构成要素也就是税法的构成要素，一般包括：纳税人、征税对象、税率、纳税环节、纳税期限、纳税地点、减税免税规定、附加与加成以及法律责任等。其中纳税人、征税对象和税率是税收制度的三个基本要素。

（一）纳税人

纳税人是纳税义务人的简称,是税法中规定的直接负有纳税义务的单位和个人。纳税人也称"纳税主体"。无论征收什么税,其税负总要由有关的纳税人来承担,每一种税都有关于纳税人的规定,通过规定纳税人落实税收任务和法律责任。纳税人一般分为自然人和法人两种。

1. 自然人

自然人是指依法享有民事权利,并承担民事义务的公民个人。例如,在我国从事工商业和服务业等经济活动的个人,以及工资和劳务报酬的获得者等,都是以个人身份来承担法律规定的民事责任及纳税义务。

2. 法人

法人是指依法成立,能够独立地支配财产,并能以自己的名义享受民事权利和承担民事义务的社会组织。例如,我国的国有企业、集体企业、合资企业等,都是以其社会组织的名义承担民事责任的,称之为法人。法人同自然人一样,负有依法向国家纳税的义务。

在实际纳税过程中,与纳税人有关的概念有负税人和代扣代缴义务人。

负税人是实际负担税款的单位和个人。有的税种,纳税人本身就是负税人,如:企业所得税、个人所得税等,征税后这部分经济利益就为国家所有;而有的税种,纳税人和负税人是不一致的,如:增值税,纳税人可以将其所缴纳的税款转嫁出去,消费者才是税款的最终承担者。

代扣代缴义务人是税法规定的,在其经营活动中负有代扣税款、代收税款并向国库缴纳义务的单位和个人。如:委托加工应税消费品通常是由受托方在向委托方交货的时候代收代缴消费税税款。又如:个人所得税税法规定,以支付所得的单位和个人为代扣代缴义务人。

 小练习1-2

税　种	一致	不一致
1. 增值税		
2. 企业所得税		
3. 个人所得税		
4. 委托加工应税消费品的消费税		

判断下列税种的纳税人和负税人是否一致。(在对应框中打"√")

（二）征税对象

征税对象又称课税对象,是税法中规定的征税的标的物,是征税的客体。它表明国家应对什么来征税,纳税人应就什么来纳税。

每一个种税都有自己的征税对象,例如,我国增值税的征税对象是货物或应税劳务在流通过程中的增值额,企业所得税的征税对象是企业的所得额,个人所得税的征税对象是个人取得的工资、薪金等项所得,房产税的征税对象是房屋,等等。不同的征税对象构成不同的税种,因此征税对象是一种税区别于另一种税的主要标志。凡是列为征税对象的,就属于该税种的征收范围,否则,就不属于该税种的征收范围。

与征税对象密切相关的概念是:税目和计税依据。

税目是征税对象的具体化,反映具体的征税范围,代表征税的广度。

不是所有的税种都规定税目,例如,企业所得税、房产税等,征税对象简单明确,不需要设置税目。而大多数税种由于其征税对象的内容比较复杂,且税种内部又采取不同的税率档次进行调节,这就需要对征税对象进一步划分为一个个税目,例如,消费税有烟、酒等十四个税目,分别适用不同的税率或税额。

计税依据又称税基,是指税法中规定的据以计算各种应征税款的依据或标准。

不同税种的计税依据是不同的,例如,我国增值税的计税依据是货物和应税劳务的增值额,企业所得税的计税依据是企业的所得额,等等。

计税依据在表现形态上一般有两种:一种是价值形态,即以征税对象的价值作为计税依据,在这种情况下,征税对象与计税依据一般是一致的,例如,企业所得税的征税对象是所得额,计税依据也是所得额;另一种是实物形态,就是以征税对象的数量、面积等作为计税依据,在这种情况下,征税对象与计税依据一般是不一致的,例如,酒是消费税的征税对象,但黄酒和啤酒是以其销售数量为计税依据的,而城镇土地使用税的征税对象是国有土地,计税依据是土地面积。

(三) 税率

税率是应纳税额与征税对象之间的比例,是计算税额的尺度,代表征税的深度。税率关系着国家税收收入的多少和纳税人负担税负的轻重程度。

税率在实际应用中可分为两种形式:一种是按相对量形式规定的征收比例,这种形式又可分为比例税率和累进税率,它适用于从价计征的税种;另一种是按绝对量形式规定的固定征收额度,即定额税率,它适用于从量计征的税种。

1. 比例税率

比例税率是指对同一征税对象或同一税目,不论数额大小,只规定一个比例的税率征收。

比例税率可分为:单一比例税率和差别比率税率。其中差别比率税率又可分为:产品差别比例税率、行业差别比例税率、地区差别比例税率和幅度比例税率。

2. 累进税率

累进税率是指同一征税对象,随数量的增大,征收比例也随之增高的税率,即将征税对象按数额大小分为若干等级,不同等级适用由低到高的不同税率。累进税率一般在收益类征税中使用,它可以有效地调节纳税人的收入,使税收负担更加公平。

在我国现行税制中,累进率主要有超额累进率和超率累进率两种。

3. 定额税率

定额税率又称固定税额,是指根据征税对象的计量单位直接规定固定的征税数额。例如,消费税中规定每销售一吨黄酒应纳消费税税额 240 元。

(四) 纳税环节

纳税环节是指税法上规定的对处于运动之中的征税对象从生产到消费的流转过程中应当缴纳税款的环节。

一个税种只在一个流转环节征税的,叫"一次课征制"。例如,资源税在开采环节征税,我国现行消费税大多在生产环节征税。

一个税种在商品流转环节中选择两个或两个以上环节征税的,叫"多次课征制"。例如,增值税对商品的生产、批发、零售各个环节多次征税。

(五) 纳税期限

纳税期限是纳税人发生纳税义务后向国家缴纳税款的法定期限,它是税收的强制性和固定性在时间上的体现。

纳税期限有按期纳税、按次纳税、按年计征分期预缴三种。

(六) 纳税地点

纳税地点是指税法规定的纳税人缴纳税款的地点。

纳税人在什么地方纳税?是在纳税人的总机构所在地纳税,还是在纳税人生产经营机构所在地纳税?这直接关系到不同地区的利益,特别是地方税和共享税,会直接影响地方政府的收入。

纳税人申报缴纳税款的地点,应该既有利于税务机关实施税源控管,防止税收流失,又方便纳税人缴纳税款。纳税地点主要有:企业所在地、应税行为或应税服务发生地、集中纳税和口岸纳税四种。

(七) 减税免税规定

减税免税是对某些纳税人或征税对象的鼓励或照顾措施。减税是从应征税款中减征部分税款,免税是免征全部税款。

减税免税可分为三种基本形式:税基式减免、税率式减免和税额式减免。

减税免税按照其在税法中的地位可分为:法定减免、临时减免和特定减免三种。

(八) 附加与加成

税收附加与税收加成是加重纳税人负担的措施。与减税免税等减轻税负的措施正好相反。

税收附加是地方政府对纳税人按基本税率征收正税以外,另征一定比例的附加费。例如,教育费附加的征收依据是纳税人实际缴纳的增值税、消费税的税额。

税收加成是指根据税法规定的税率征税后,再以应纳税额为依据加征一定成数的税额。例如,加征一成相当于纳税额的 10%,加征五成相当于纳税额的 50%,加成数一般规定在一成至十成之间。

（九）法律责任

法律责任是指按税法规定,税收法律关系的主体因违反税收法律规范所应承担的法律后果,它是税收强制性特征的具体体现。

税收法律关系的主体有:征税主体和纳税主体。

征税主体是代表国家行使征税职责的国家各级税务机关、海关和财政机关。

纳税主体是指税收法律关系中依法履行纳税义务和税款缴纳义务的当事人,即纳税人。

税收法律责任依其性质和形式的不同,可分为经济责任、行政责任和刑事责任;依承担法律责任主体的不同,可分为纳税人的责任、扣缴义务人的责任、税务机关及其工作人员的责任。

第二节　我国现行税收种类

一、按征税对象分类

征税对象是一种税区别于另一种税的主要标志,按征税对象分类,我国现行税收种类如图表 1-1 所示。

图表 1-1

税收种类	概　念	具体包括
1. 流转税	以商品或劳务的流转额为征税对象征收的一种税	增值税、消费税、关税等
2. 所得税	以所得额为征税对象征收的一种税	企业所得税、个人所得税
3. 财产税	以纳税人所拥有或使用的财产为征税对象征收的一种税	房产税、土地使用税、车船使用税、契税等
4. 行为目的税	以纳税人的某些特定行为为征税对象征收的一种税	车辆购置税、印花税、城市维护建设税、耕地占用税、污染物排放等
5. 资源税	以各种应税自然资源为征税对象征收的一种税	应税矿产品、石油天然气、盐等

二、按税收管理与使用权限分类

按税收管理与使用权限分类,我国现行税收种类如图表 1-2 所示。

图表 1-2

税收种类	概　念	具体包括
1. 中央税	由中央政府(国家)征收、管理和支配的税种	消费税、关税、车辆购置税、海关代征的增值税和消费税等
2. 地方税	由地方(省、市、自治区)管理和使用的税种	房产税、城市维护建设税、耕地占用税、土地增值税、车船税、印花税、契税等
3. 中央地方共享税	由国家税务总局负责征收管理,收入由中央与地方共享的税种	增值税、企业所得税、个人所得税、资源税、证券交易印花税等

三、按税负能否转嫁分类

按税收能否转嫁分类，我国现行税收种类如图表 1-3 所示。

图表 1-3

税收种类	概　念	具体包括
1. 直接税	直接向个人或企业开征的税种，纳税人一般不能直接将税负转嫁给他人	企业所得税、个人所得税、房产税等
2. 间接税	对商品和服务征收的税种，纳税人能将税负转嫁给他人负担	增值税、消费税、关税等

四、按计税依据分类

按计税依据分类，我国现行税收种类如图表 1-4 所示。

图表 1-4

税收种类	概　念	具体包括
1. 从量税	以征税对象的数量单位（重量、件数、容积、面积等）为标准，按预先确定的单位税额征收的税种，又称"从量计征"	资源税、土地使用税、消费税部分税目、印花税部分税目等
2. 从价税	以征税对象的价格为标准，按一定比例征收的税种，又称"从价计征"	增值税、消费税部分税目、房产税、土地增值税、企业所得税等

五、按税收与价格的关系分类

按税收与价格的关系分类，我国现行税收种类如图表 1-5 所示。

图表 1-5

税收种类	概　念	具体税种
1. 价内税	计税价格中包含了税金在内，税金成为价格的组成部分，即含税价格，计税价格＝成本＋利润＋税金	消费税、关税等
2. 价外税	计税价格中不包含税金在内，税金不是价格的组成部分，即不含税价格，计税价格＝成本＋利润	增值税

六、按会计核算中使用的会计科目分类

按会计核算中使用的会计科目分类,我国现行税收种类如图表1-6所示。

图表1-6

税收种类	概　念	借方会计科目	具体包括
1. 销售税金	国家对企业在销售环节取得的销售收入或销售数量征收的税金	"税金及附加"	消费税、资源税、城市维护建设税等
2. 费用性税金	直接计入管理费用核算的税金	"管理费用"	房产税、车船使用税、土地使用税、印花税等
3. 企业所得税	以企业取得的生产经营所得和其他所得为征税对象征收的一种税	"所得税费用"	企业所得税

> **小思考 1-1**
> 以上税种登记的借方会计科目分别为"税金及附加""管理费用""所得税费用",那么登记的贷方会计科目又是什么?

第三节　纳税实务工作的内容

一、纳税登记

(一)纳税登记的概念

纳税登记是纳税人为了依法履行纳税义务向税务机关办理的一项法定手续,是税务机关根据税法规定对纳税人有关开业、变更以及注销等基本情况的变化实行法定登记的一项管理制度。

该项管理制度一方面可以使税务机关全面、准确、及时地了解和掌握辖区内纳税人的基本情况,合理安排征管力量,提高征管效率;另一方面纳税人可以增强纳税意识,了解有关纳税程序,提高税款计算和缴纳的准确性。

(二)纳税登记的程序和内容

1. 开业登记

企业应在领取营业执照的 30 日内办理,税务机关受理后 30 日内核发税务登记证。办理领取税务登记证件时,首先要按照税务机关的要求提供有关证件资料,如:工商营业执照、注册地址及生产经营地址证明、验资报告或评估报告、合同章程协议书等;其次要如实填写税务登记表,登记内容为企业的相关事项,如:纳税人名称、企业类型、生产经营期限、纳税人注

册地址和生产经营地点、核算方式、单位性质、适用会计制度、法定代表人、财务负责人、办税人、注册资本、投资总额等。税务登记表具体内容如图表1-7所示。

图表1-7

税务登记表
（适用单位纳税人）

国税档案号码： 　　　　　填表日期： 　　　　　纳税人识别号：

地税计算机代码		纳税人名称	
登记注册类型		批准设立机关	
组织机构代码		批准设立证明或文件号	
开业（设立）日期	生产经营期限	证照名称	证照号码
注册地址		邮政编码　　　联系电话	
生产经营地址		邮政编码　　　联系电话	
核算方式	请选择对应项目打"√" □ 独立核算 □ 非	从业人数　　其中外籍人数	
单位性质	请选择对应项目打"√" □ 企业 □ 事业单位 □ 社会团体 □ 民办非企业单位 □ 其他		
网站网址		国标行业 □□□□ □□□□ □□□□ □□□□	
适用会计制度	请选择对应项目打"√" □ 企业会计制度 □ 小企业会计制度 □ 金融企业会计制度 □ 行政事业单位会计制度		
经营范围	请将法定代表人（负责人）身份证件复印件粘贴在此处。		

内容＼项目	姓名	身份证件 种类	身份证件 号码	固定电话	移动电话	电子邮箱
联系人						
法定代表人（负责人）						
财务负责人						
办税人						

税务代理人名称	纳税人识别号	联系电话	电子邮箱

注册资本或投资总额（人民币）	币种	金额	币种	金额	币种	金额

投资方名称	投资方经济性质	投资比例	证件种类	证件号码	国籍或地址

自然人投资比例		外资投资比例		国有投资比例	

分支机构名称	注册地址	纳税人识别号

总机构名称		纳税人识别号	
注册地址		经营范围	
法定代表人姓名		联系电话		注册地址邮政编码	

代扣代缴、代收代缴税款业务情况	代扣代缴、代收代缴税款业务内容	代扣代缴、代收代缴税种

附报资料：

经办人签章： _____年____月____日	法定代表人（负责人）签章： _____年____月____日	纳税人公章： _____年____月____日

以下由税务机关填写：

纳税人所处街乡			隶属关系	
国税主管税务局		国税主管税务所(科)	是否属于国税、地税共管户	
地税主管税务局		地税主管税务所(科)		
经办人(签章)： 国税经办人：＿＿＿＿＿＿ 地税经办人：＿＿＿＿＿＿ 受理日期： ＿＿＿年＿＿＿月＿＿＿日	国家税务登记机关 (税务登记专用章)： 核准日期： ＿＿＿年＿＿＿月＿＿＿日 国税主管税务机关：		地方税务登记机关 (税务登记专用章)： 核准日期： ＿＿＿年＿＿＿月＿＿＿日 地税主管税务机关：	
国税核发《税务登记证副本》数量：＿＿＿本　发证日期：＿＿＿＿年＿＿＿＿月＿＿＿＿日				
地税核发《税务登记证副本》数量：＿＿＿本　发证日期：＿＿＿＿年＿＿＿＿月＿＿＿＿日				

国家税务总局监制

纳税人填制了"税务登记表"，税务机关受理后 30 日内核发税务登记证。税务登记证具体内容如图表 1-8 所示。

图表 1-8

2. 变更登记

变更纳税登记是指纳税人办理了纳税登记后，因登记内容发生变化，向税务机关申请将纳税登记内容重新调整为与实际情况一致的一种纳税登记管理制度。如：变更注册资本、改变法定代表人、改变登记注册类型、改变注册(住所)地址或经营地址、改变银行账号、变更核算形式、变更经营范围或经营方式等。发生上述改变，纳税人应先向工商行政管理机关办理变更登记，并在工商营业执照变更后 30 日内向税务机关提供相关资料，办理纳税登记变更。

税务登记变更表具体内容如图表1-9所示。

税务登记变更表

纳税人识别号：

微机编码：

纳税人名称：

变更登记事项			
序号	变更项目	变更前内容	变更后内容

更改证件情况：

纳税人（签章）

法定代表人（负责人）：　　　　　　办税人员：　　　　　年　月　日

主管税务机关审批意见：

（公章）

负责人：　　　　　经办人：　　　　　　　　　　　　　　年　月　日

注：适用范围涉及税务登记内容变化的，均应办理变更登记。

3. 注销登记

纳税人发生解散、破产、撤销以及应当终止履行纳税义务的其他情形,应当持有关证件和资料向原税务机关申报办理注销纳税登记。办理注销纳税登记前,纳税人应向税务机关提供相关资料和证明文件,结清应纳税款、滞纳金和罚款,缴销发票、税务登记证和其他税务证件,经税务机关核准后,办理注销纳税登记手续。办理注销纳税登记的时间一般有四种情况:一是在向工商行政管理机关或者其他机关办理注销登记前;二是被工商行政管理机关吊销营业执照或者被其他机关予以撤销登记的,自营业执照被吊销或者被撤销登记之日起 15 日内;三是按规定不需要在工商行政管理机关或者其他机关办理注册登记的,自有关机关批准或者宣告终止之日起 15 日内;四是境外企业在中国境内承包建筑、安装、装配、勘探工程和提供劳务的,在项目完工、离开中国境内前 15 日内。注销税务登记表具体内容如图表 1-10 所示。

图表 1-10

注销纳税登记表

纳税人识别号：_____

纳税人名称：_____

主管税务机关：_____

纳税人识别号																	
纳税人名称																	
联系地址						联系电话											
申请注销原因	纳税人(签章)： 法定代表人：　　　　　　办税人员：　　年　月　日																
批准机关名称																	
批准文号						批准日期					年　月　日						
迁入地税务机关						税务机关名称											
迁入地址																	
纳税人基本信息	☐网络申报　☐一般纳税人　☐福利企业　☐出口退税　☐防伪税控 ☐增值税　☐消费税　☐所得税 其他情况																
税收政策清理情况	实际经营期限起				实际经营期限止												
	已享受税收优惠																
	意见																
	负责人				经办人				日期		年　月　日						

发票管理缴销情况	序号	发票种类	发票代码	购领发票数量	已使用发票数量	结存发票数量	发票起止号
	序号	证件名称		数量	证件号码		顺序号
	负责人			经办人		日期	年　月　日
税金管理情况	意见						
	负责人			经办人		日期	年　月　日
检查环节清算情况	意见						
	负责人			经办人		日期	年　月　日
计统部门意见							
征收环节结算清缴税款情况	意见						
	负责人			经办人		日期	年　月　日
登记管理环节审批意见	序号	证件名称		数量	证件号码		收缴封存情况
	负责人			经办人		日期	年　月　日

序号	分支机构纳税人识别号	分支机构纳税人名称	注销情况	主管税收机关
	—			
	—			
	—			
	—			
批准意见	综合业务部门意见：			局长签字： 主管税务机关(公章) 年　月　日

二、发票管理

纳税人依法办理了纳税登记并取得税务登记证后，就可以向税务机关申请领购发票，在购销商品、提供劳务或者接受劳务以及从事其他经营活动中，应当按照规定开具、使用、取得发票。税务机关是发票的主管机关，负责发票印制、领购、开具、取得、保管、缴销的管理和监督。纳税人从税务机关购领了发票以后，要在"发票登记簿"中进行记录，分别登记实际领入，填写错误作废和上缴查验(核销)的情况、数量以及对应的发票号码。发票登记簿不需要每天记录，而是在向税务机关办理有关领、销(核销所领用的发票)手续时作登记。发票登记簿内容如图表 1-11 所示。

图表 1-11

发票登记簿

领用单位：

发票名称：　　　　　　　　　　　　发票代码：　　　　　　　　　每本份数：

年		凭证号	摘要	增加			减少			结存份数	缴回存根数份数
月	日			发票号码		本(份)数	开出份数	作废份数	份数		
				起始号码	终止号码						

注：1.本账由纳税人使用，按使用单位分户建立；2.需设总控制账页；3."增加"方记领用发票数；4."减少"方记开出、作废、损失发票数；5.必须按月自行清理检查、盘点结账。

小视野 1-2

《中华人民共和国发票管理办法实施细则》已于 2011 年 1 月 27 日由国家税务总局第一次局务会议审议通过,自 2011 年 2 月 1 日起施行。

三、纳税申报

纳税申报是指纳税人在发生法定纳税义务后,在税法规定的期限内,通过书面形式或网上申报系统向主管税务机关提交有关纳税事项及应缴税款资料的法律行为。纳税人必须依法申报纳税,如实填写纳税申报表及其有关附表。税务机关则对纳税人的纳税申报资料进行审核,主要是审阅纳税人填写的纳税申报表是否符合要求、报送资料是否齐全、税款计算是否正确等。

四、税款征收

税款征收是纳税人依照税收法律法规规定将应当缴纳的税款缴入国库的过程。它是税收征收管理的核心内容,直接关系到国家税收能否及时、足额入库,也是纳税登记、发票管理、纳税申报等纳税实务工作的目的和归宿。税款征收方式主要有以下几种:

(一)查账征收

查账征收指税务机关按照纳税人提供的账表所反映的经营情况,依照适用税率计算缴纳税款的方式。具体做法是:纳税人在规定的纳税期限内,以纳税申报表的形式向税务机关办理纳税申报,经税务机关审查核实后,由纳税人填写缴款书,到当地开户银行缴纳税款。查账征收方式适用于账簿、凭证、会计等核算制度比较健全,能够据以如实核算生产经营情况,正确计算应纳税款的纳税人。

(二)查定征收

查定征收是由税务机关根据纳税人的从业人员数量、生产设备、生产能力以及原材料消耗等情况,对其生产的应税产品,查实核定产量、销售量和销售额,并据以征收税款的一种方式。查定征收适用于生产规模较小、会计核算资料不健全的纳税人。

(三)查验征收

查验征收是税务机关对纳税人的应税商品,通过到现场实地查验其数量,按市场一般销售单价计算其销售收入并据以征税的方式。它适用于对城乡集贸市场中的临时经营者和机场、码头等场所的经销商的征税。

(四)定期定额征收

定期定额征收是对一些营业额和所得额不能准确计算的纳税人,采取自报自议,由税务机关核定其一定时期的营业额和所得税附征率,实行多税种合并征收的一种征收方式。它一般适用于小型的个体工商户。

(五)代扣代缴、代收代缴征收

代扣代缴是指支付纳税人收入的单位和个人从所支付的纳税人收入中扣缴其应纳税款

并向税务机关解缴的行为。代收代缴是指与纳税人有经济往来关系的单位和个人借助经济往来关系向纳税人收取其应纳税款并向税务机关解缴的行为。它一般适用于税源零星分散、不易控管的纳税人。

（六）委托代征

委托代征是指受税务机关委托的有关单位，根据国家法律、法规的授权，以税务机关的名义向纳税人征收一些零散税款的方式。它是为了解决税务专管员人力不足、加强税款征收、保障国家税收收入实际需要，依法委托给其他部门和单位代为执行税款征收任务的一种税款征收方式。

上述税款征收方式必须由税务机关根据不同企业的具体情况决定，纳税人无权自行决定或变更。

五、会计处理

会计处理是纳税人对应纳税款的形成、计算、申报、缴纳、补退等经济活动进行反映和监督，即在会计凭证、会计账簿和会计报表中作相应的记录、计算和汇总。主要包括营业收入的确认、成本费用的耗费、财务成果的确定、税额的计算、税款解缴、罚金缴纳和税收减免等业务的会计处理。

六、税务检查

税务检查是税务机关根据国家税法和财务会计制度的规定，对纳税人履行纳税义务的情况进行审查和监督。税务检查是税收征收管理的重要内容，也是税务监督的重要组成部分，企业有义务接受和配合税务机关的依法检查并事先做好自查工作，确保依法治税，保证国家征税工作的顺利开展。

第二章　增值税

【学习目标】

通过本章的学习,知晓增值税的概念和特点,明确增值税的三个基本要素(即纳税人、征税对象和税率),能正确计算一般纳税人和小规模纳税人的增值税应纳税额,并在此基础上掌握一般纳税人和小规模纳税人增值税的会计核算。

本章导入

增值税于 1954 年在法国问世,之后被迅速推广到世界各地,是世界各国普遍征收的一种税收。增值税在我国是 1979 年开始试行,1993 年年底,国务院颁布了《中华人民共和国增值税暂行条例》,并于 1994 年 1 月 1 日起施行,从此增值税成为我国第一大税种。为进一步完善税制,国务院决定全面实行增值税转型改革,于 2008 年年底修订了暂行条例,并自 2009 年 1 月 1 日起施行;2012 年 1 月 1 日上海作为首个试点城市正式启动营改增;2016 年 5 月 1 日起,我国全面实行营改增,进一步扩大了增值税的征收范围;2018 年 5 月 1 日起,下调了制造业、交通运输、建筑、基础电信服务等行业及农产品货物等的增值税税率,统一了增值税小规模纳税人标准;2019 年又出台了深化增值税改革的六项措施(降低税率、加计抵扣、不动产一次性抵扣、扩大抵扣范围、加计抵减和增量留抵退还),并且从 2019 年 4 月 1 日起正式实施;以及针对小规模纳税人的提高增值税起征点,地方税及附加减按 50% 缴纳等。

第一节　增值税概述

一、增值税的概念

增值税是对单位和个人生产经营过程中取得的增值额为课税对象征收的一种税。一切从事销售或者进口货物、提供应税劳务和销售服务、无形资产、不动产的单位和个人均是增值税的纳税人。

二、增值税的特点

我国现行增值税,主要有以下几个方面的特点:

(一) 对增值额征税

增值额是商品销售收入额或提供应税劳务和服务等收入额扣除其购入的商品或劳务和

纳税实务

服务金额后的差额。对增值额征税,可以消除重复征税,体现税负公平。

(二)实行税款抵扣制度

实行税款抵扣制度是根据销售商品或劳务和服务的销售额,按规定的税率计算出销项税额,然后扣除取得该商品或劳务和服务时所支付的增值税额,即进项税额,其差额为增值部分应缴纳的增值税额。

(三)实行价外税

价外税即税金不包含在销售价格内,把税款同价格分开,以不含增值税税额的商品或劳务和服务的价格作为计税依据。这样企业的成本和利润不受增值税的影响,体现了增值税的间接税性质,即增值税的最终承担者不是经营者而是消费者。

(四)税基广阔,具有征收的普遍性和连续性

从生产经营的横向看,无论工业企业、商业企业或是劳务服务活动,只要有增值收入就要交纳增值税;从生产经营的纵向关系看,每一货物无论经过多少生产经营环节,都要按各道环节上发生的增值税额逐次征税。

三、增值税的纳税人

增值税的纳税人是指税法规定负有缴纳增值税义务的单位和个人。在我国境内销售货物或者提供加工、修理、修配劳务、应税服务以及进口货物的单位和个人。

按照经营规模大小以及会计核算是否健全等标准,将增值税纳税人划分为一般纳税人和小规模纳税人。

自 2018 年 5 月 1 日起,统一增值税小规模纳税人标准,将工业企业和商业企业小规模纳税人的年销售额标准由原来的 50 万元和 80 万元统一上调至 500 万元,并在 2019 年 12 月 31 日前允许已登记为一般纳税人的企业转登记为小规模纳税人,让更多企业享受按较低征收率计税的优惠。

一般纳税人可以直接使用增值税专用发票,享有进项税额的抵扣权,小规模纳税人则实行简易办法征收增值税,其进项税不允许抵扣。

> **小视野 2-1**
> 中华人民共和国境外的单位或个人在境内提供应税劳务,在境内未设有经营机构的,以其境内代理人为扣缴义务人;在境内没有代理人的,以购买方为扣缴义务人。

四、增值税的征税对象

征税对象也称征税范围,增值税的征税范围是指在中国境内销售的货物,提供的加工、修理、修配劳务、应税服务以及进口的货物。

(一)销售的货物

销售货物包括销售各种有形动产,如:销售钢材、水泥、服装、家用电器等一切有形货物,也包括销售电力、热力、气体等在内。

(二)提供的加工、修理、修配劳务

加工是指受托加工货物,即由委托方提供原料及主要材料,受托方按照委托方的要求制造货物并收取加工费的业务。

修理、修配是指受托对损伤和丧失功能的货物进行修复，使其恢复原状和功能的业务。

无论受托方是以货币形式收取加工费，还是从委托方取得货物或其他经济利益，都应视作有偿销售行为，征收增值税。

（三）提供的应税服务

2016年5月1日起，销售服务、无形资产或者不动产纳入营改增的征税范围。

其中，销售服务包括：①交通运输服务；②邮政服务；③电信服务；④建筑服务；⑤金融服务；⑥现代服务；⑦生活服务。

销售无形资产是指转让无形资产所有权或者使用权的业务活动。

销售不动产是指转让不动产所有权的业务活动。

（四）进口的货物

进口货物是指将货物从我国境外移送至我国境内的行为。凡进入中国海关境内的货物，在报关进口环节除了依法缴纳关税之外，还必须缴纳增值税。

五、增值税的税率

增值税的纳税人分为一般纳税人和小规模纳税人，分别适用不同的税率和征收率。增值税税率和征收率如图表2-1所示。

图表2-1 增值税税率和征收率表

	税率或征收率	适用行业	备 注
一般纳税人	13%	1. 销售或进口货物 2. 提供加工、修理、修配劳务 3. 提供有形动产租赁服务	1. 纳税人购进农产品，原适用10%扣除率的扣除率调整为9%。 2. 纳税人购进用于生产销售或委托加工13%税率货物的农产品，按照10%的扣除率计算进项税额。 3. 原适用16%税率且出口退税率为16%的出口货物劳务，出口退税率调整为13%；原适用10%税率且出口退税率为10%的出口货物、跨境应税行为，出口退税率调整为9%。 4. 适用13%税率的境外旅客购物离境退税物品，退税率为11%；适用9%税率的境外旅客购物离境退税物品，退税率为8%。
	9%	1. 销售农产品(含粮食)、自来水、暖气、石油液化气、天然气、食用植物油、冷气、热水、煤气、居民用煤炭制品、食用盐、农机、饲料、农药、农膜、化肥、沼气、二甲醚、图书、报纸、杂志、音像制品、电子出版物 2. 销售不动产 3. 提供不动产租赁 4. 提供建筑服务 5. 提供交通运输服务 6. 提供邮政服务 7. 提供基础电信服务	
	6%	1. 金融服务 2. 增值电信服务 3. 提供生活服务 4. 销售无形资产(销售土地使用权除外) 5. 现代服务业(租赁服务除外)	提供生活服务包括文化体育服务、医疗教育服务、旅游娱乐服务、餐饮住宿服务、居民日常服务以及其他生活服务。 现代服务包括研发和技术服务、信息技术服务、文化创意服务、物流辅助服务、鉴证咨询服务、广播影视服务、商务辅助服务以及其他现代服务。

税率或 征收率	适用行业	备　注
零税率	1. 国际运输服务 2. 航天运输服务 3. 向境外单位提供的完全在境外消费的相关服务 4. 财政部和国家税务总局规定的其他服务 5. 纳税人出口货物	
3%（征收率）	一般纳税人选择采用简易计税方法	
小规模纳税人 3%（征收率）	小规模纳税人增值税征收率统一为3%（财政部和国家税务总局另有规定的除外）	

小视野 2-2

我国增值税税率下调经历具体如图表2-2所示。

图表2-2

时间	1994 年 1 月～ 2011 年 12 月	2012 年 1 月～ 2017 年 6 月	2017 年 7 月～ 2018 年 4 月	2018 年 5 月～ 2019 年 3 月	2019 年 4 月 ～
税率 调整	17%	17%	17%	16%	13%
	13%	13%	/	/	/
		11%	11%	10%	9%
		6%	6%	6%	6%

至此,我国增值税税率经历了四次下调,但还没有实现三档并两档的既定改革目标,增值税税率三档并两档会尽快实施。

六、增值税的纳税地点

增值税纳税地点是指纳税人申报缴纳增值税款的地点。它主要包括:固定业户增值税纳税地点、非固定业户增值税纳税地点、提供建筑服务的增值税纳税地点、进口货物增值税纳税地点、扣缴义务人增值税纳税地点五种情况。

(一)固定业户增值税纳税地点

固定业户应当向其机构所在地的主管税务机关申报纳税。总机构和分支机构不在同一县(市)的,应当分别向各自所在地的主管税务机关申报纳税;经国务院财政、税务主管部门或者其授权的财政、税务机关批准,可以由总机构汇总向总机构所在地的主管税务机关申报纳税。

固定业户到外县(市)销售货物或者应税劳务,应当向其机构所在地的主管税务机关申请开具外出经营活动税收管理证明,并向其机构所在地的主管税务机关申报纳税;未开具证明的,应当向销售地或者劳务发生地的主管税务机关申报纳税;未向销售地或者劳务发生地的主管税务机关申报纳税的,由其机构所在地的主管税务机关补征税款。

(二)非固定业户增值税纳税地点

非固定业户应当向应税行为发生地的主管税务机关申报纳税;未申报纳税的,由其机构所在地或者居住地的主管税务机关补征税款。

(三)提供建筑服务的增值税纳税地点

纳税人提供建筑服务,销售或者租赁不动产,转让自然资源使用权,应向建筑服务发生地、不动产所在地、自然资源所在地的主管税务机关申报纳税。

按照现行规定无需在建筑服务发生地预缴增值税的项目,纳税人收到预收款时在机构所在地预缴增值税。

(四)进口货物增值税纳税地点

进口货物应当由进口人或其代理人向报关地海关申报纳税。

(五)扣缴义务人增值税纳税地点

扣缴义务人应当向其机构所在地或者居住地的主管税务机关申报缴纳其扣缴的税款。

七、增值税的纳税期限

增值税的纳税期限分别为 1 日、3 日、5 日、10 日、15 日、1 个月或者 1 个季度。纳税人的具体纳税期限,由主管税务机关根据纳税人应纳税额的大小分别核定;不能按照固定期限纳税的,可以按次纳税。

纳税人以 1 个月或者 1 个季度为一个纳税期的,自期满之日起 15 日内申报纳税;以 1 日、3 日、5 日、10 日或者 15 日为一个纳税期的,自期满之日起 5 日内预缴税款,并于次月 1 日起 15 日内申报纳税并结清上月应纳税款。以 1 个季度为纳税期限的规定仅适用于小规模纳税人。

扣缴义务人解缴税款的期限,均依照前两款规定执行。

纳税人进口货物,应当自海关填发海关进口增值税专用缴款书之日起 15 日内缴纳税款。

八、增值税的税收减免

(一)免税项目

下列项目免征增值税:

① 农业生产者销售的自产农产品;

② 避孕药品和用具;

③ 古旧图书;

④ 直接用于科学研究、科学试验和教学的进口仪器、设备;

⑤ 外国政府、国际组织无偿援助的进口物资和设备;

⑥ 来料加工、来件装配和补偿贸易所需进口的设备；

⑦ 由残疾人的组织直接进口供残疾人专用的物品；

⑧ 销售自己使用过的物品。

增值税的免税、减税项目由国务院规定，任何地区、部门均不得规定免税、减税项目。纳税人兼营免税、减税项目的，应当分别核算免税、减税项目的销售额；未分别核算销售额的，不得免税、减税。

（二）起征点

纳税人销售额未达到国务院财政、税务主管部门规定的增值税起征点的，免征增值税；达到起征点的，全额计算缴纳增值税。

增值税小规模纳税人应分别核算销售货物，提供加工、修理、修配劳务的销售额和销售服务、无形资产的销售额。按照《财政部　税务总局关于明确增值税小规模纳税人免征增值税政策的公告》（2021 年第 11 号）的规定，自 2021 年 4 月 1 日至 2022 年 12 月 31 日，小规模纳税人发生增值税应税销售行为，合计月销售额未超过 15 万元（以 1 个季度为 1 个纳税期的，季度销售额未超过 45 万元）的，免征增值税。

九、增值税专用发票

增值税专用发票，是增值税一般纳税人之间发生增值税应税行为开具的发票。它既是纳税人计算应纳税额的重要凭证，又是购买方支付增值税额并可按照增值税有关规定据以抵扣增值税进项税额的凭证。一般纳税人销售货物、提供应税劳务和应税服务开具增值税专用发票、货物运输业增值税专用发票和增值税普通发票。小规模纳税人销售货物、提供应税劳务和应税服务开具增值税普通发票。税务机关可以为小规模纳税人代开增值税专用发票和货物运输业增值税专用发票。增值税专用发票基本联次为三联：发票联、抵扣联和记账联。

发票联是作为购买方核算采购成本和增值税进项税额的记账凭证；抵扣联是作为购买方报送主管税务机关认证和留存备查的凭证；记账联是作为销售方核算主营业务收入和增值税销项税额的记账凭证。增值税专用发票的格式如图表 2-3 和图表 2-4 所示。

图表 2-3

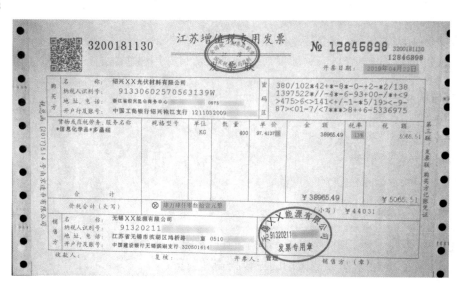

图表 2-4

> **小归纳 2-1**
>
> 　　增值税实行凭国家印发的增值税专用发票注明的税款进行抵扣的制度,增值税专用发票不仅是纳税人经济活动中的重要商业凭证,而且是兼记销货方的销项税额和购货方的进项税额进行税款抵扣的凭证,对增值税的计算和管理起着决定性的作用,因此,正确使用增值税专用发票十分重要。一般纳税人应通过防伪税控系统使用专用发票,包括领购、开具、缴销、认证纸质专用发票及其相应的数据电文。2017年7月1日以后,增值税发票必须要有税号,不符合规定的发票,不得作为税收凭证。

> **小视野 2-3**
>
> 　　国家税务总局决定自2015年1月1日起在全国推行增值税发票系统升级版,实现纳税人经过税务数字证书安全认证、加密开具的发票数据,通过互联网实时上传税务机关,生成增值税发票电子底账,作为纳税申报、发票数据查验以及税源管理、数据分析利用的依据。
>
> 　　增值税发票系统升级版纳税人端税控专用设备包括金税盘和税控盘,专用设备可开具增值税专用发票,纳税人应在互联网连接状态下在线使用增值税发票系统升级版开具发票。

纳税实务

第二章　增值税　**25**

第二节　会计科目及专栏设置

一、一般纳税人会计科目及专栏设置

增值税一般纳税人应当在"应交税费"科目下设置"应交增值税"、"未交增值税"、"预交增值税"、"待抵扣进项税额"、"待认证进项税额"、"待转销项税额"、"增值税留抵税额"、"简易计税"、"转让金融商品应交增值税"、"代扣代交增值税"等明细科目。

（一）应交增值税明细科目

增值税一般纳税人应在"应交增值税"明细账内设置"进项税额"、"销项税额抵减"、"已交税金"、"转出未交增值税"、"减免税款"、"出口抵减内销产品应纳税额"、"销项税额"、"出口退税"、"进项税额转出"、"转出多交增值税"等专栏。其中：

1. "进项税额"专栏

本专栏记录一般纳税人购进货物、加工修理修配劳务、服务、无形资产或不动产而支付或负担的、准予从当期销项税额中抵扣的增值税额。

2. "销项税额抵减"专栏

本专栏记录一般纳税人按照现行增值税制度规定因扣减销售额而减少的销项税额。

3. "已交税金"专栏

本专栏记录一般纳税人当月已交纳的应交增值税额。

4. "转出未交增值税"专栏

本专栏记录一般纳税人月度终了转出当月应交未交的增值税额。

5. "减免税款"专栏

本专栏记录一般纳税人按现行增值税制度规定准予减免的增值税额。

6. "出口抵减内销产品应纳税额"专栏

本专栏记录实行"免、抵、退"办法的一般纳税人按规定计算的出口货物的进项税抵减内销产品的应纳税额。

7. "销项税额"专栏

本专栏记录一般纳税人销售货物、加工修理修配劳务、服务、无形资产或不动产应收取的增值税额。

8. "出口退税"专栏

本专栏记录一般纳税人出口货物、加工修理修配劳务、服务、无形资产按规定退回的增值税额。

9. "进项税额转出"专栏

本专栏记录一般纳税人购进货物、加工修理修配劳务、服务、无形资产或不动产等发生非正常损失以及其他原因而不应从销项税额中抵扣、按规定转出的进项税额。

10. "转出多交增值税"专栏

本专栏记录一般纳税人月度终了转出当月多交的增值税。

（二）"未交增值税"明细科目

本科目核算一般纳税人月度终了从"应交增值税"或"预交增值税"明细科目转入当月应交未交、多交或预缴的增值税额，以及当月交纳以前期间未交的增值税额。

（三）"预交增值税"明细科目

本科目核算一般纳税人转让不动产、提供不动产经营租赁服务、提供建筑服务、采用预收款方式销售自行开发的房地产项目等，以及其他按现行增值税制度规定应预缴的增值税额。

（四）"待抵扣进项税额"明细科目

本科目核算一般纳税人已取得增值税扣税凭证并经税务机关认证，按照现行增值税制度规定准予以后期间从销项税额中抵扣的进项税额。

（五）"待认证进项税额"明细科目

本科目核算一般纳税人由于未经税务机关认证而不得从当期销项税额中抵扣的进项税额。

（六）"待转销项税额"明细科目

本科目核算一般纳税人销售货物、加工修理修配劳务、服务、无形资产或不动产，已确认相关收入（或利得）但尚未发生增值税纳税义务而需于以后期间确认为销项税额的增值税额。

（七）"增值税留抵税额"明细科目

本科目核算兼有销售服务、无形资产或者不动产的原增值税一般纳税人，截止到纳入营改增试点之日前的增值税期末留抵税额按照现行增值税制度规定不得从销售服务、无形资产或不动产的销项税额中抵扣的增值税留抵税额。

（八）"简易计税"明细科目

本科目核算一般纳税人采用简易计税方法发生的增值税计提、扣减、预缴、缴纳等业务。

（九）"转让金融商品应交增值税"明细科目

本科目核算增值税纳税人转让金融商品发生的增值税额。

（十）"代扣代交增值税"明细科目

本科目核算纳税人购进在境内未设经营机构的境外单位或个人在境内的应税行为代扣代缴的增值税。

二、小规模纳税人会计科目及明细科目设置

小规模纳税人只需在"应交税费"科目下设置"应交增值税"明细科目，不需要设置上述专栏及除"转让金融商品应交增值税"、"代扣代交增值税"外的明细科目。

（一）"应交增值税"明细科目

增值税小规模纳税人，其销售收入的核算与一般纳税人相同，也是不含增值税应税销售额，其应纳增值税额，也要通过"应交税费——应交增值税"明细科目核算，只是由于小规

模纳税人不得抵扣进项税额,不需在"应交税费——应交增值税"科目的借、贷方设置若干专栏。

小规模纳税人"应交税费——应交增值税"科目的借方发生额反映已缴的增值税额,贷方发生额反映应缴增值税额;期末借方余额反映多缴的增值税额,期末贷方余额反映尚未缴纳的增值税额。

(二)"转让金融商品应交增值税"明细科目

本科目核算增值税纳税人转让金融商品发生的增值税额。其中小规模纳税人的增值税会计科目及专栏设置与一般纳税人一致,应通过"应交税费——转让金融商品应交增值税"明细科目核算。月末,贷方反映应该缴纳的增值税,借方反映可结转下个纳税期抵扣的增值税。年末,该科目无借方余额。

(三)"代扣代交增值税"明细科目

本科目核算纳税人购进在境内未设经营机构的境外单位或个人在境内的应税行为代扣代交的增值税。其小规模纳税人的增值税会计科目及专栏设置与一般纳税人一致,应通过"应交税费——代扣代交增值税"明细科目核算。

境内纳税人购买境外增值税应税服务,为其代扣代交的增值税,应通过"应交税费——代扣代交增值税"明细科目核算。应代扣代交的增值税额,通过本科目贷方核算;实际缴纳代扣代交增值税时,在本科目借方核算。

第三节　增值税应纳税额的计算

一、一般纳税人应纳增值税额的计算

增值税一般纳税人的计税方法,包括一般计税方法和简易计税方法两种。

(一)一般计税方法

一般计税方法应纳税额为当期销项税额抵扣当期进项税额后的余额。其计算公式为:

$$应纳税额 = 当期销项税额 - 当期进项税额$$
$$当期销项税额 = 销售额 × 税率$$

当期销项税额小于当期进项税额不足抵扣时,其不足部分可以结转下期继续抵扣。

一般计税方法的销售额不包括销项税额,纳税人采用销售额和销项税额合并定价方法的,按照下列公式计算销售额:

$$不含税销售额 = 含税销售额 ÷ (1 + 增值税税率)$$

境外单位或者个人在境内发生应税行为,在境内未设有经营机构的,扣缴义务人按照下列公式计算应扣缴税额:

$$应扣缴税额 = 购买方支付的价款 ÷ (1 + 税率) × 税率$$

(二)简易计税方法

简易计税方法的应纳税额是按照销售额和增值税征收率计算的增值税额,不得抵扣进项税额。其计算公式为：

$$应纳税额 = 销售额 \times 征收率$$

简易计税方法的销售额不包括其应纳税额，纳税人采用销售额和应纳税额合并定价方法的，按照下列公式计算销售额：

$$销售额 = 含税销售额 \div (1 + 征收率)$$

二、小规模纳税人应纳增值税额的计算

小规模纳税人销售货物或者发生应税行为适用简易计税方法计税，并不得抵扣进项税额。应纳税额计算公式如下：

$$应纳税额 = 销售额 \times 征收率$$

小规模纳税人的销售额与一般纳税人的销售额一样，也是不含税销售额。由于小规模纳税人销售货物一般只能开具普通发票，普通发票上面标明的是含税价格，需按以下公式换算成不含税价格：

$$不含税销售额 = 含税销售额 \div (1 + 征收率)$$

三、进口货物应纳增值税额的计算

纳税人进口货物，按照组成计税价格和规定的税率计算应纳税额。组成计税价格和应纳税额计算公式为：

$$组成计税价格 = 关税完税价格 + 关税$$
$$应纳税额 = 组成计税价格 \times 税率$$

若该货物属于应征消费税的商品，则组成计税价格的计算公式为：

$$组成计税价格 = 关税完税价格 + 关税 + 消费税$$

 小练习 2-1

某商品流通企业为增值税一般纳税人，2019 年 5 月批发商品销售收到不含增值税销售额 500 000 元；零售商品销售收到含增值税销售额 226 000 元，税率均为 13%。试计算该企业 5 月份增值税销项税额。

 小练习 2-2

某商品零售企业为小规模纳税人，2019 年 5 月从批发企业购入商品 10 000 元，增值税专用发票上注明进项税额为 1 300 元；当月销售商品 41 200 元。试计算该零售企业本月应纳增值税额。

某进出口公司 2019 年 5 月从德国进口一批厨房用具,海关审定的关税完税价格为 6 000 000 元,该货物关税税率为 10%,增值税税率为 13%。试计算该批货物的组成计税价格和应纳增值税额。

第四节　增值税业务的会计核算

一、取得资产或接受劳务的账务处理

(一)采购等业务进项税额允许抵扣的账务处理

一般纳税人购进货物、加工修理修配劳务、服务、无形资产或不动产,按应计入相关成本费用或资产的金额,借记"在途物资"或"原材料"、"库存商品"、"生产成本"、"无形资产"、"固定资产"、"管理费用"等科目,按当月已认证的可抵扣的增值税额,借记"应交税费——应交增值税(进项税额)"科目;按当月未认证的可抵扣增值税额,借记"应交税费——待认证进项税额"科目,按应付或实际支付的金额,贷记"应付账款"、"应付票据"、"银行存款"等科目。

例 2-1　某制造业企业为增值税一般纳税人,2019 年 5 月,该企业购入材料一批,已收到增值税专用发票一张,发票上注明价款 80 000 元,增值税额 10 400 元(80 000×13%),专用发票当月已认证,货款和税款以银行存款支付,材料验收入库。

2019 年 5 月,购入材料时,编制会计分录如下:

借:原材料　　　　　　　　　　　　　　　　　　　　　　　80 000
　　应交税费——应交增值税(进项税额)　　　　　　　　　10 400
　　贷:银行存款　　　　　　　　　　　　　　　　　　　　　　　90 400

例 2-2　某运输企业为增值税一般纳税人。2019 年 5 月,该企业外购运输车辆一批,已收到增值税专用发票一张,发票上注明价款 300 万元,增值税 39 万元,企业当月未认证抵扣。2019 年 6 月,该张增值税专用发票通过认证,于纳税申报期内抵扣。

(1) 2018 年 5 月,购进车辆时,编制会计分录如下:

借:固定资产　　　　　　　　　　　　　　　　　　　　　3 000 000
　　应交税费——待认证进项税额　　　　　　　　　　　　　390 000
　　贷:银行存款　　　　　　　　　　　　　　　　　　　　　3 390 000

(2) 2019 年 6 月,通过认证抵扣时,编制会计分录如下:

借:应交税费——应交增值税(进项税额)　　　　　　　　　390 000
　　贷:应交税费——待认证进项税额　　　　　　　　　　　　　390 000

(二)采购等业务进项税额不得抵扣的账务处理

一般纳税人购进货物、加工修理修配劳务、服务、无形资产或不动产,用于简易计税方法计税项目、免征增值税项目、集体福利或个人消费等，其进项税额按照现行增值税制度规定不得从销项税额中抵扣的，取得增值税专用发票时，应借记相关成本费用或资产科目，借记"应交税费——待认证进项税额"科目，贷记"银行存款"、"应付账款"等科目，经税务机关认证后，应借记相关成本费用或资产科目，贷记"应交税费——应交增值税（进项税额转出）"科目。

例 2-3　某建筑企业为增值税一般纳税人。2019 年 5 月，该企业外购货物用于清包工项目（选择适用简易计税方法计税），已收到增值税专用发票一张，发票上注明价款 20 000 元，增值税 2 600 元，企业当月未认证抵扣。2019 年 6 月，该张增值税专用发票通过认证，于纳税申报期内抵扣。

（1）2019 年 5 月，购进货物时，编制会计分录如下：

借：工程物资	20 000	
应交税费——待认证进项税额	2 600	
贷：银行存款		22 600

（2）2019 年 6 月，通过认证时，编制会计分录如下：

借：应交税费——应交增值税（进项税额）	2 600	
贷：应交税费——待认证进项税额		2 600
借：工程物资	2 600	
贷：应交税费——应交增值税（进项税额转出）		2 600

由于该建筑企业选择适用简易计税方法计税，一般纳税人选择简易计税方法，其进项税额不得抵扣。

例 2-4　某商品流通企业为增值税一般纳税人。2019 年 5 月购进商品一批，已收到增值税专用发票一张，发票上注明价款 60 000 元，增值税 7 800 元，专用发票当月已认证，价税合计 67 800 均以银行存款支付。2019 年 6 月，企业将该批商品作为福利发放给职工。

（1）2019 年 5 月，购进货物时，编制会计分录如下：

借：库存商品	60 000	
应交税费——应交增值税（进项税额）	7 800	
贷：银行存款		67 800

（2）2019 年 6 月，将购进商品作为福利发放给职工，编制会计分录如下：

借：应付职工薪酬	67 800	
贷：库存商品		60 000
应交税费——应交增值税（进项税额转出）		7 800

该商品流通企业将购进的商品作为福利发放给职工，已抵扣的进项税额必须转出。

小知识 2-1

　　原不得抵扣且未抵扣进项税额的固定资产、无形资产等，因改变用途用于允许抵扣进项税额的应税项目的，应按允许抵扣的进项税额，在改变用途的次月，借记"应交税费——应交增值税（进项税额）"科目，贷记"固定资产"、"无形资产"等科目。

2019 年 7 月 20 日，某增值税一般纳税人购进房产一座，取得增值税专用发票上注明的价款 2 000 万元，增值税税率 9%，增值税税额 180 万元。该房产购入后用于职工福利部门使用，预计使用年限 20 年，按直线法计提折旧，假定无残值。2021 年 7 月，为了扩大公司产能，企业将该房产改变用途，拨给生产部门使用。试计算该企业可以抵扣的进项税额并作相应的会计处理。

（三）购进不动产或不动产在建工程按规定一次性抵扣进项税额的账务处理

自 2019 年 4 月 1 日起，一般纳税人取得并按固定资产核算的不动产或不动产在建工程，可在购进当期，一次性抵扣进项税额。

例 2-5 2019 年 4 月 5 日，某增值税一般纳税人购进办公大楼一座，该大楼用于公司办公，计入固定资产，并于次月开始计提折旧。4 月 15 日，该纳税人取得该大楼的增值税专用发票并认证相符，专用发票注明的价款为 3 000 万元，增值税税额为 270 万元。

2019 年 4 月，取得不动产时，编制会计分录如下：

借：固定资产   30 000 000

 应交税费——应交增值税（进项税额）   2 700 000

 贷：银行存款   32 700 000

已抵扣进项税额的不动产，发生非正常损失，或者改变用途，专用于简易计税方法计税项目、免征增值税项目、集体福利或者个人消费的，按照下列公式计算不得抵扣的进项税额，并从当期进项税额中扣减：

$$不得抵扣的进项税额 = 已抵扣进项税额 \times 不动产净值率$$

$$不动产净值率 = \frac{不动产净值}{不动产原值} \times 100\%$$

按照规定不得抵扣进项税额的不动产，发生用途改变，用于允许抵扣进项税额项目的，按照下列公式在改变用途的次月计算可抵扣进项税额：

$$可抵扣进项税额 = 增值税扣税凭证注明或计算的进项税额 \times 不动产净值率$$

例 2-6 2019 年 4 月，某一般纳税人企业购进办公室一幢，取得当月开具的增值税专用发票注明的金额 4 000 万元，增值税 360 万元，发票勾选确认。预计使用年限 20 年，采用直线法计提折旧，不考虑净残值。2021 年 4 月（2 年后）该办公室全部用于福利。2029 年 4 月（10 年后）该办公室全部用于生产经营。

2019 年 4 月购进不动产时，编制会计分录如下：

借：固定资产   40 000 000

 应交税费——应交增值税（进项税额）   3 600 000

 贷：银行存款   43 600 000

2021 年 4 月（2 年后）该办公室全部用于福利：

$$累计折旧 = \frac{40\ 000\ 000}{20} \times 2 = 4\ 000\ 000（元）$$

$$不动产净值率=\frac{40\ 000\ 000-4\ 000\ 000}{40\ 000\ 000}\times100\%=90\%$$

不得抵扣的进项税额=3 600 000×90%=3 240 000(元)

将上述计算出的不得抵扣的进项税额计入当期损益,编制会计分录如下:

借:管理费用   3 240 000

  货:应交税费——应交增值税(进项税额转出)   3 240 000

2029年4月(10年后)该办公室全部用于生产经营:

$$累计折旧=\frac{40\ 000\ 000}{20}\times10=20\ 000\ 000(元)$$

$$不动产净值率=\frac{40\ 000\ 000-20\ 000\ 000}{40\ 000\ 000}\times100\%=50\%$$

可抵扣的进项税额=3 600 000×50%=1 800 000(元)

将上述计算出的可抵扣的进项税额从当期损益账户转出时,编制会计分录如下:

借:应交税费——应交增值税(进项税额)   1 800 000

  贷:管理费用   1 800 000

上例中,累计抵扣进项税额=3 600 000-3 240 000+1 800 000

         =2 160 000(元)

不得抵扣的进项税额=3 600 000-2 160 000=1 440 000(元)

(四)货物等已验收入库但尚未取得增值税扣税凭证的账务处理

一般纳税人购进的货物等已到达并验收入库,但尚未收到增值税扣税凭证并且尚未付款的,应在月末按货物清单或相关合同协议上的价格暂估入账,不需要将增值税的进项税额暂估入账。下月初,用红字冲销原暂估入账金额,待取得相关增值税扣税凭证并经认证后,按应计入相关成本费用或资产的金额,借记"原材料"、"库存商品"、"固定资产"、"无形资产"等科目,按可抵扣的增值税额,借记"应交税费——应交增值税(进项税额)"科目,按应付金额,贷记"应付账款"等科目。

例 2-7 某制造业企业2019年5月28日购入材料5 000千克,合同规定单价为每千克15元,月末尚未收到增值税专用发票等结算凭证,货款尚未支付,材料已到达,验收入库。6月8日收到供货单位转来增值税专用发票,材料数量5 000千克,单价每千克15元,价款75 000元,专用发票上列明增值税进项税额9 750元。

(1)2019年5月31日,按合同价暂估入账,编制会计分录如下:

借:原材料   75 000

  贷:应付账款   75 000

(2)2019年6月1日,用红字冲销暂估分录,编制会计分录如下:

借:原材料   75 000

  贷:应付账款   75 000

(3)2019年6月8日,收到供货单位转来增值税专用发票,编制会计分录如下:

借:原材料   75 000

  应交税费——应交增值税(进项税额)   9 750

  贷:银行存款   84 750

（五）小规模纳税人采购等业务的账务处理

小规模纳税人采用简易办法计算增值税应纳税额,不实行进项税额抵扣制度。

小规模纳税人购买物资、服务、无形资产或不动产,取得增值税专用发票上注明的增值税应计入相关成本费用或资产,不通过"应交税费——应交增值税"科目核算。

例 2-8　某公司为增值税小规模纳税人,2019 年 5 月份购进材料一批,取得增值税专用发票一张注明价款 20 000 元,进项税额 2 600 元,材料已验收入库,货款以银行存款支付。

2019 年 5 月,购进材料时,编制会计分录如下:

借:原材料　　　　　　　　　　　　　　　　　　　　　22 600
　　贷:银行存款　　　　　　　　　　　　　　　　　　　　22 600

某公司为增值税小规模纳税人,2019 年 6 月份购进材料一批,拿到一张金额为 9 270 元的普通发票,材料均已验收入库,货款以银行存款支付。试编制相应的会计分录。

（六）购买方作为扣缴义务人的账务处理

按照现行增值税制度规定,境外单位或个人在境内发生应税行为,在境内未设有经营机构的,以购买方为增值税扣缴义务人。

境内一般纳税人购进服务、无形资产或不动产,按应计入相关成本费用或资产的金额,借记"生产成本"、"无形资产"、"固定资产"、"管理费用"等科目,按可抵扣的增值税额,借记"应交税费——应交增值税(进项税额)"科目(小规模纳税人应借记相关成本费用或资产科目),按应付或实际支付的金额,贷记"应付账款"等科目,按应代扣代缴的增值税额,贷记"应交税费——代扣代交增值税"科目。

实际缴纳代扣代交增值税时,按代扣代缴的增值税额,借记"应交税费——代扣代交增值税"科目,贷记"银行存款"科目。

例 2-9　某企业为增值税一般纳税人。2019 年 3 月,支付境外某公司管理软件服务费 84 800 元。该境外公司境内未设有经营机构,企业于当月已将代扣代缴的增值税向主管税务机关缴纳。

(1) 2019 年 3 月,支付管理软件服务费时,编制会计分录如下:

借:管理费用　　　　　　　　　　　　　　　　　　　　80 000
　　应交税费——应交增值税(进项税额)　　　　　　　　4 800
　　　贷:银行存款　　　　　　　　　　　　　　　　　　80 000
　　　　应交税费——代扣代交增值税　　　　　　　　　　4 800

(2) 2019 年 3 月,实际缴纳代扣代缴的增值税时,编制会计分录如下:

借:应交税费——代扣代交增值税　　　　　　　　　　　4 800
　　贷:银行存款　　　　　　　　　　　　　　　　　　　4 800

例 2-10　承上例,假设该企业为增值税小规模纳税人,分析其会计处理方法。

(1) 2019 年 3 月,支付管理软件服务费时,编制会计分录如下:

借:管理费用　　　　　　　　　　　　　　　　　　　　84 800

贷:银行存款　　　　　　　　　　　　　　　　　　　80 000

　　应交税费——代扣代交增值税　　　　　　　　　4 800

（2）2019年3月,实际缴纳代扣代交的增值税时,编制会计分录如下:

借:应交税费——代扣代交增值税　　　　　　　　　4 800

　　贷:银行存款　　　　　　　　　　　　　　　　　4 800

二、销售等业务的账务处理

（一）销售业务的账务处理

企业销售货物、加工修理修配劳务、服务、无形资产或不动产,应当按应收或已收的金额,借记"应收账款"、"应收票据"、"银行存款"等科目,按取得的收入金额,贷记"主营业务收入"、"其他业务收入"、"固定资产清理"、"工程结算"等科目。

按现行增值税制度规定计算的销项税额(或采用简易计税方法计算的应纳增值税额),贷记"应交税费——应交增值税(销项税额)"或"应交税费——简易计税"科目(小规模纳税人应贷记"应交税费——应交增值税"科目)。

例2-11　某制造企业为增值税一般纳税人,2019年5月销售产品一批,开具的增值税专用发票注明的金额150 000元,增值税税率13%,税额19 500元,当即收到支票一张送存银行。

2019年5月销售产品时,编制会计分录如下:

借:银行存款　　　　　　　　　　　　　　　　　　169 500

　　贷:主营业务收入　　　　　　　　　　　　　　　150 000

　　　　应交税费——应交增值税(销项税额)　　　　19 500

例2-12　某机械设备租赁公司为增值税一般纳税人,从事经营租赁服务,2019年6月,该租赁公司将其2018年6月购入的设备出租,当月取得不含税租金收入12 000元;2019年7月,该租赁公司将其"营改增"前购入的设备出租,取得不含税租金收入6 000元,选择适用简易计税方法计税。上述租赁款均已收到存入银行。

（1）2019年6月,取得不含税租金收入12 000元时,编制会计分录如下:

借:银行存款　　　　　　　　　　　　　　　　　　13 560

　　贷:主营业务收入　　　　　　　　　　　　　　　12 000

　　　　应交税费——应交增值税(销项税额)　　　　1 560(12 000×13%)

（2）2019年7月,取得不含税租金收入6 000元时,编制会计分录如下:

借:银行存款　　　　　　　　　　　　　　　　　　6 180

　　贷:主营业务收入　　　　　　　　　　　　　　　6 000

　　　　应交税费——简易计税　　　　　　　　　　　180(6 000×3%)

例2-13　承上例,假设该公司为增值税小规模纳税人,分析其会计处理方法。

（1）2019年6月,取得不含税租金收入12 000元时,编制会计分录如下:

借:银行存款　　　　　　　　　　　　　　　　　　12 360

　　贷:主营业务收入　　　　　　　　　　　　　　　12 000

　　　　应交税费——应交增值税　　　　　　　　　　360(12 000×3%)

（2）2019年7月,取得不含税租金收入6 000元时,编制会计分录如下:

借:银行存款　　　　　　　　　　　　　　　　　　6 180

贷:主营业务收入   6 000

  应交税费——应交增值税   180(6 000×3%)

🔍 **小视野 2-4**

  某企业为增值税一般纳税人,2018年1月1日,该企业将闲置资金240万元借贷给一家房产企业,合同约定,借款期限一年,年利率8%,利息于2018年12月31日支付。

  税法规定纳税义务发生时间为合同约定的付款日期,而会计应按权责发生制确认收入,会计确认收入的时间早于增值税纳税义务发生的时间。

  (1)2018年各月末按权责发生制确认收入时,编制会计分录如下:

  借:应收利息   16 000(2 400 000×8%÷12)

    贷:其他业务收入   15 094.34[16 000÷(1+6%)]

      应交税费——待转销项税额 905.66[16 000÷(1+6%)×6%]

  (2)2018年12月31日借款期满,一次性确认销项税额时,编制会计分录如下:

  借:应交税费——待转销项税额 10 867.92(905.66×12)

    贷:应交税费——应交增值税(销项税额)   10 867.92

(二)视同销售行为的账务处理

  企业发生税法上视同销售的行为,如将货物交由他人代销、代他人销售货物、将货物从一地移送另一地(同一县市除外)、将自产、委托加工的货物用于非应税项目、对外投资、分配给股东、用于职工福利或个人消费、无偿赠送他人等,均要征收增值税。按照企业会计准则制度相关规定进行相应的会计处理,按照现行增值税制度规定计算销项税额(或采用简易计税方法计算应纳增值税额)。

  例2-14 某食品厂为增值税一般纳税人,2019年6月1日将自产的饮料一批作为福利发放给职工,该批产品的成本为50 000元,不含税售价80 000元。

  (1)2019年6月1日,发放饮料时,编制会计分录如下:

  借:应付职工薪酬   90 400

    贷:主营业务收入   80 000

      应交税费——应交增值税(销项税额) 10 400

  (2)2019年6月30日,结转成本时,编制会计分录如下:

  借:主营业务成本   50 000

    贷:库存商品   50 000

  例2-15 某一般纳税人企业2019年6月30日将自产的产品一批作为利润分配给企业的股东,该批产品成本200 000元,不含税售价350 000元。

  (1)2019年6月30日,分配产品给股东时,编制会计分录如下:

  借:应付股利   395 500

    贷:主营业务收入   350 000

      应交税费——应交增值税(销项税额) 45 500

  (2)2019年6月30日,结转成本时,编制会计分录如下:

  借:主营业务成本   200 000

贷:库存商品   200 000

(三) 差额征税的账务处理

差额征税是"营改增"政策中销售额确定的一种特殊方法。

差额征税的账务处理分为两类:一是企业发生相关成本费用允许扣减销售额的账务处理,如运输企业支付承运方运费等;二是金融商品转让按规定以盈亏相抵后的余额作为销售额的账务处理。

1. 企业发生相关成本费用允许扣减销售额的账务处理

(1) 按现行增值税制度规定企业发生相关成本费用允许扣减销售额的,发生成本费用时,按应付或实际支付的金额,借记"主营业务成本"、"存货"、"工程施工"等科目,贷记"应付账款"、"应付票据"、"银行存款"等科目。

(2) 待取得合规增值税扣税凭证且纳税义务发生时,按照允许抵扣的税额,借记"应交税费——应交增值税(销项税额抵减)"或"应交税费——简易计税"科目(小规模纳税人应借记"应交税费——应交增值税"科目),贷记"主营业务成本"、"存货"、"工程施工"等科目。

例 2-16 某货运场为增值税一般纳税人,2019 年 6 月提供货物配载服务,合同约定取得全部价款和价外费用合计 45 万元,于 6 月 20 日收到。6 月 15 日,支付承运方运费 25 万元,取得运输企业开具的增值税专用发票。上述金额均包括增值税,相关款项均已通过银行存款结清。(该货运场属于现代服务业,适用 6% 的增值税税率)

一般纳税人提供客运场站服务,以其取得的全部价款和价外费用,扣除支付给承运方运费后的余额为销售额。企业账务处理为:

(1) 2019 年 6 月 15 日,支付运费时,编制会计分录如下:

借:主营业务成本   250 000

 贷:银行存款   250 000

(2) 2019 年 6 月 20 日,发生增值税纳税义务时,编制会计分录如下:

借:银行存款   450 000

 贷:主营业务收入   424 528.30

  应交税费——应交增值税(销项税额)   25 471.70

借:应交税费——应交增值税(销项税额抵减)   14 150.94

 贷:主营业务成本   14 150.94

上述分录中:[450 000÷(1+6%)]=424 528.30(元)

    424 528.30×6%=25 471.70(元)

    [250 000÷(1+6%)×6%]=14 150.94(元)

该货运场实际缴纳增值税 11 320.76(元)(25 471.70－14 150.94)。

或:该货运场实际缴纳增值税=(450 000－250 000)÷(1+6%)×6%=11 320.76(元)

2. 金融商品转让按规定以盈亏相抵后的余额作为销售额的账务处理

(1) 金融商品实际转让月末,如产生转让收益,则按应纳税额借记"投资收益"等科目,贷记"应交税费——转让金融商品应交增值税"科目;如产生转让损失,则按可结转下月抵扣税额,借记"应交税费——转让金融商品应交增值税"科目,贷记"投资收益"等科目。

(2) 交纳增值税时,应借记"应交税费——转让金融商品应交增值税"科目,贷记"银行存款"科目。年末,本科目如有借方余额,则借记"投资收益"等科目,贷记"应交税费——转让金融商品应交增值税"科目。

例 2-17　某金融企业为增值税一般纳税人,2019 年 3 月 1 日以 53 万元买入交易性金融资产,2019 年 6 月 1 日以 74.2 万元卖出该交易性金融资产。

(1) 2019 年 3 月 1 日,买入交易性金融资产时,编制会计分录如下:

借:交易性金融资产　　　　　　　　　　　　　　　530 000
　　贷:银行存款　　　　　　　　　　　　　　　　　　530 000

(2) 2019 年 6 月 1 日,转让该交易性金融资产时,编制会计分录如下:

借:银行存款　　　　　　　　　　　　　　　　　　742 000
　　贷:交易性金融资产　　　　　　　　　　　　　　　530 000
　　　投资收益　　　　　　　　　　　　　　　　　　212 000
借:投资收益　　　　　　　　　　　　　　　　　　 12 000
　　贷:应交税费——转让金融商品应交增值税　　　　　　12 000

$(742\,000 - 530\,000) \div (1 + 6\%) \times 6\% = 12\,000$(元)

(3) 2019 年 6 月 30 日,结转本月应交未交增值税,编制会计分录如下:

借:应交税费——转让金融商品应交增值税　　　　　12 000
　　贷:应交税费——未交增值税　　　　　　　　　　　12 000

(4) 2019 年 7 月 15 日,实际缴纳增值税时,编制会计分录如下:

借:应交税费——未交增值税　　　　　　　　　　　12 000
　　贷:银行存款　　　　　　　　　　　　　　　　　　12 000

例 2-18　如果上例改为 74.2 万元买入交易性金融资产,53 万元卖出交易交易性金融资产,分析其会计处理方法。

(1) 2019 年 3 月 1 日,买入交易性金融资产时,编制会计分录如下:

借:交易性金融资产　　　　　　　　　　　　　　　742 000
　　贷:银行存款　　　　　　　　　　　　　　　　　　742 000

(2) 2019 年 6 月 1 日,转让该交易性金融资产时,编制会计分录如下:

借:银行存款　　　　　　　　　　　　　　　　　　530 000
　　投资收益　　　　　　　　　　　　　　　　　　212 000
　　贷:交易性金融资产　　　　　　　　　　　　　　　742 000
借:应交税费——转让金融商品应交增值税　　　　　12 000
　　贷:投资收益　　　　　　　　　　　　　　　　　　12 000

$(530\,000 - 742\,000) \div (1 + 6\%) \times 6\% = -12\,000$(元)

这 12 000 元可以作为期末留抵税额抵减增值税欠税。

例 2-19　某金融企业从事债券买卖业务,2018 年 10 月购入 A 债券 50 万元、购入 B 债券 80 万元。2019 年 1 月,该企业将 A 债券卖出,卖出价 40 万元;2019 年 2 月,该企业将 B 债券卖出,卖出价 110 万元。相关款项均已通过银行存款结清。

分析:根据"营改增"政策规定,金融商品转让,按照卖出价扣除买入价后的余额为销售额。企业账务处理为:

（1）2018 年 10 月购入债券时，编制会计分录如下：

借：交易性金融资产——A 债券　　　　　　　　　500 000
　　交易性金融资产——B 债券　　　　　　　　　800 000
　　贷：银行存款　　　　　　　　　　　　　　　　　　　　1 300 000

（2）2019 年 1 月转让 A 债券时，编制会计分录如下：

借：银行存款　　　　　　　　　　　　　　　　　400 000
　　投资收益　　　　　　　　　　　　　　　　　100 000
　　贷：交易性金融资产——A 债券　　　　　　　　　　　　500 000
借：应交税费——转让金融商品应交增值税　　　　 5 660.38
　　贷：投资收益　　　　　　　　　　　　　　　　　　　　 5 660.38

（3）2019 年 2 月，转让 B 债券时，编制会计分录如下：

借：银行存款　　　　　　　　　　　　　　　　　1 100 000
　　贷：交易性金融资产——B 债券　　　　　　　　　　　　800 000
　　　　投资收益　　　　　　　　　　　　　　　　　　　　300 000
借：投资收益　　　　　　　　　　　　　　　　　16 981.13
　　贷：应交税费——转让金融商品应交增值税　　　　　　 16 981.13

（4）2019 年 3 月，缴纳增值税时，编制会计分录如下：

借：应交税费——转让金融商品应交增值税　　　　 11 320.75
　　贷：银行存款　　　　　　　　　　　　　　　　　　　　 11 320.75

上述分录中数据计算如下：

100 000 ÷（1＋6％）× 6％ ＝ 5660.38（元）

300 000 ÷（1＋6％）× 6％ ＝ 16 981.13（元）

16 981.13 － 5 660.38 ＝ 11 320.75（元）

　　金融商品转让按照卖出价扣除买入价后的余额为销售额。转让金融商品出现的正负差，按盈亏相抵后的余额为销售额。若相抵后出现负差，可结转下一纳税期与下期转让金融商品销售额相抵，但年末时仍出现负差的，不得转入下一个会计年度。

　　因金融企业纳税方法的特殊性，单一转让某项金融商品，即使发生转让收益，也无法确定其一定需要缴纳增值税，应根据其月末整体的盈亏情况，考虑与同一年度上一纳税期的转让损失相抵后，判断是否需要缴纳增值税。其增值税的会计处理，单独通过"应交税费——转让金融商品应交增值税"明细科目核算。月末，贷方余额为应该缴纳的增值税，借方余额为可结转下个纳税期抵扣的增值税。年末，该科目无借方余额。

小知识 2-2

　　1. 销售货物增值税纳税义务发生时间

　　销售货物或者应税劳务，为收讫销售款项或者取得索取销售款项凭据的当天；先开具发票的，为开具发票的当天。

　　收讫销售款项或者取得索取销售款项凭据的当天，按销售结算方式的不同，具体为：

（1）采取直接收款方式销售货物,不论货物是否发出,均为收到销售款或者取得索取销售款凭据的当天。

（2）采取托收承付和委托银行收款方式销售货物,为发出货物并办妥托收手续的当天。

（3）采取赊销和分期收款方式销售货物,为书面合同约定的收款日期的当天;无书面合同的或者书面合同没有约定收款日期的,为货物发出的当天。

（4）采取预收货款方式销售货物,为货物发出的当天,但生产销售生产工期超过12个月的大型机械设备、船舶、飞机等货物,为收到预收款或者书面合同约定的收款日期的当天。

（5）委托其他纳税人代销货物,为收到代销单位的代销清单或者收到全部或者部分货款的当天。未收到供销清单及货款的,为发出代销货物满180天的当天。

（6）销售应税劳务,为提供劳务同时收讫销售款或者取得索取销售款的凭据的当天。

（7）纳税人发生视同销售货物行为,为货物移送的当天。

2. 发生应税行为纳税义务发生时间

（1）纳税人发生应税行为并收讫销售款项或者取得索取销售款项凭据的当天;先开具发票的,为开具发票的当天。

收取销售款项,是指纳税人销售服务、无形资产、不动产过程中或者完成后收到款项。

取得索取销售款项凭据的当天,是指书面合同确定的付款日期;未签订书面合同或者书面合同未确定付款日期的,为服务、无形资产转让完成的当天或者不动产权属变更的当天。

（2）纳税人提供租赁服务采取预收款方式的,其纳税义务发生时间为收到预收款的当天。

（3）纳税人发生视同销售情形的,其纳税义务发生时间为服务、无形资产转让完成的当天或者不动产权属变更的当天。

（四）关于小规模纳税人免征增值税的账务处理

对月销售额不超过10万元（按季纳税30万元）的增值税小规模纳税人,暂免征收增值税。增值税小规模纳税人应分别核算销售货物或者加工、修理修配劳务的销售额和销售服务、无形资产的销售额。增值税小规模纳税人销售货物或者加工、修理修配劳务月销售额不超过10万元（按季纳税30万元）,销售服务、无形资产月销售额不超过10万元（按季纳税30万元）的,自2019年1月1日起至2021年12月31日,可分别享受小规模纳税人暂免征收增值税优惠政策。小规模纳税人在取得销售收入时,应当按照税法的规定计算应交增值税,并确认应交税费,在达到增值税制度规定的免征增值税条件时,将有关应交增值税转入当期损益。

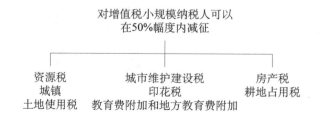

例 2-20 某运输企业是增值税小规模纳税人,2019 年 1 月 3 日,提供短途运输服务,取得不含税运费收入 70 000 元;2019 年 1 月 25 日,提供长途运输服务,取得不含税运费收入 21 000 元;当月只发生上述两笔业务,运费收入均已收到并存入银行。

(1) 2019 年 1 月 3 日,取得运费收入时,编制会计分录如下:

借:银行存款   72 100

  贷:主营业务收入   70 000

    应交税费——应交增值税   2 100

(2) 2018 年 1 月 25 日,取得运费收入时,编制会计分录如下:

借:银行存款   21 630

  贷:主营业务收入   21 000

    应交税费——应交增值税   630

1 月份不含税销售收入合计 91 000 元(70 000＋21 000),未超过 100 000 元,符合小规模纳税人增值税免税优惠政策条件。

(3) 2019 年 1 月 31 日,将应交增值税转入当期损益时,编制会计分录如下:

借:应交税费——应交增值税   2 730

  贷:营业外收入   2 730

小思考 2-2

某个体工商户是小规模纳税人,2019 年 6 月转让其取得的不动产,取得价税合计 105 万元,该不动产购置原价 95 万元(含税),假设当月未发生其他销售。请问是否需要预缴增值税?

小思考 2-3

张某出租学区房一套,2019 年每月租金 5 万元,租期一年,一次性收取租金 60 万元。请问张某是否需要缴纳增值税?

● **小规模纳税人免征增值税的知识拓展**

根据国家税务总局 2019 年第 4 号公告,对小规模纳税人免征增值税作了如下规定:

(1) 对月销售 10 万元以下(含 10 万元)的增值税小规模纳税人,免征增值税。

① 小规模纳税人发生增值税应税销售行为,合计月销售额未超过 10 万元(以 1 个季度为 1 个纳税期的,季度销售额未超过 30 万元)的,免征增值税。

② 小规模纳税人发生增值税应税销售行为,合计月销售额超过 10 万元,但扣除本期发生的销售不动产的销售额后未超过 10 万元的,其销售货物、劳务、服务、无形资产取得的销售额免征增值税。

例 2-21 某小规模纳税人 2019 年 2 月销售货物 5 万元,提供服务 4 万元,销售自建不动产 60 万元。

合计销售额为 69 万元,剔除销售自建不动产后的销售额为 9 万元,因此,该小规模纳税人销售货物和服务相对应的销售额 9 万元可以享受小规模纳税人免税政策,但销售自建不动产 60 万元应照章纳税。

应纳增值税＝60×5％＝3(万元)

例 2-22 某小规模纳税人 2019 年 3 月销售货物 6 万元,提供服务 8 万元,销售自建不动产 50 万元。

合计销售额 64 万元,剔除销售自建不动产后的销售额为 14 万元,因此,该小规模纳税人销售货物、服务和不动产均应照章纳税。

应纳增值税＝50×5％＋14×3％＝2.92(万元)

小规模纳税人销售其自建的不动产,应以取得的全部价款和价外费用为销售额,按照 5％的征收率计算应纳税额。

> (2) 适用增值税差额征税的小规模纳税人,以差额后的销售额确定是否可以享受规定的免征增值税政策。

例 2-23 2019 年 4 月某建筑业小规模纳税人(按月纳税)取得建筑服务收入 25 万元,同时向其他建筑企业支付分包款 16 万元。该小规模纳税人当月扣除分包款后的销售额为 9 万元,未超过 10 万元免税标准,因此,当月可享受小规模纳税人免税政策。

如果上例中取得建筑服务收入 35 万元,同时向其他建筑企业支付分包款 20 万元,扣除分包款后的销售额为 15 万元,超过 10 万元免税标准,因此,当月应照章纳税。

应纳增值税＝(35－20)×3％＝0.45(万元)

> (3) 按固定期限纳税的小规模纳税人可以选择以 1 个月或 1 个季度为纳税期限。一经选择,一个会计年度内不得变更。

例 2-24 某小规模纳税人 2019 年 1—3 月的销售额分别是 6 万元、11 万元和 12 万元。

如果按月纳税,则只有 1 月份的 6 万元能够享受免税;如果按季纳税,由于该季度销售额为 29 万元,未超过免税标准,因此,29 万元全部能享受免税。在这种情况下,该小规模纳税人更愿意实行按季纳税。

例 2-25 某小规模纳税人 2019 年 1—3 月的销售额分别是 9 万元,11 万元和 12 万元。

如果按月纳税,1 月份的 9 万元能够享受免税,如果按季纳税,由于该季度销售额 32 万元已超过免税标准,因此,32 万元均无法享受免税。在这种情况下,该小规模纳税人更愿意实行按月纳税。

(五)农产品加计扣除的账务处理

纳税人购进用于生产销售或委托加工 13％税率货物的农产品,按 10％抵扣率计算进项税额。

纳税人在购进农产品时,应按照农产品抵扣的一般规定,按照 9％计算抵扣进项税额。在领用农产品环节,如果农产品用于生产或者委托加工 13％税率货物,则再加计 1％进项税额。

例 2-26 某一般纳税人企业 2019 年 5 月 5 日用支票收购农产品 200 万元。当月将 100 万元农产品投入生产,其余 82 万元农产品次月投入生产。

(1) 2019 年 5 月 5 日收购农产品时,编制会计分录如下:

借:原材料　　　　　　　　　　　　　　　　　　　　　　1 820 000

应交税费——应交增值税（进项税额）　　　　　　　　　　　180 000

　　　贷：银行存款　　　　　　　　　　　　　　　　　　　　　2 000 000

　　5月份投入农产品100万元用于生产13%税率货物，则5月份加计扣除1%进项税额：100×1%＝1（万元）。

　　其余82万农产品6月份投入生产，则6月份再加计扣除1%进项税额：82×1%＝0.82（万元）。

（六）加计抵减的账务处理

　　加计抵减，就是允许特定纳税人按照当期抵扣进项税额的10%计算出一个抵减额，专用于抵减纳税人一般计税方法计算的应纳税额。

　　例 2-27　某服务业一般纳税人，适用加计抵减政策。2019年7月，一般计税项目销项税额为180万元，进项税额120万元，发生非正常损失确认的进项税额2万元，上期留抵税额15万元，上期结转的加计抵减额余额5万元。

　　① 加计抵减前的应纳税额＝当期销项税额－当期进项税额－上期留抵税额

　　　　　　　　　＝180－（120－2）－15＝47（万元）

　　② 当期可抵减加计抵减额＝期初末抵减的抵减额＋本期发生的抵减额－本期减少的抵减额

　　　　　　　　　＝5＋120×10%－2×10%＝16.8（万元）

　　③ 抵减后的应纳税额＝加计抵减前的应纳税额－当期可抵减加计抵减额

　　　　　　　　　＝47－16.8＝30.2（万元）

　　抵减应纳增值税，编制会计分录如下：

借：应交税费——应交增值税（减免税款）　　　　　　168 000
　　贷：营业外收入　　　　　　　　　　　　　　　　　　　　　168 000

应交税费——应交增值税

借方		贷方	
期初余额	150 000	期初余额	
进项税额	1 200 000	销项税额	1 800 000
减免税款	168 000	进项税额转出	20 000
转出未交增值税	302 000		
期末余额	0	期末余额	0

 小归纳 2-2

加计抵减前应纳税额等于零，当期可抵减加计抵减额全部结转下期抵减；

加计抵减前应纳税额大于零，且大于当期可抵减加计抵减额的，全部抵减；

加计抵减前应纳税额大于零，但小于当期可抵减加计抵减额的，抵减应纳税额至零，未抵减完的结转下期继续抵减。

 ·小练习 2-5

某现代服务业一般纳税人符合加计抵减要求，本月销售额为 230 万元，适用税率为 6%，当月外购货物和服务等取得增值税专用发票注明的税额为 9.8 万元，期初留抵税额 3.6 万元。

计算该纳税人当期应纳税额。（提示：先计算加计抵减前应纳税额，再计算当期加计抵减额，最后计算当期实际应纳增值税额）

（七）扩大增值税抵扣范围

自 2019 年 4 月 1 日起，纳税人购进国内旅客运输服务，其进项税额允许从销项税额中抵扣。

旅客运输最基本的扣税凭证是增值税专用发票，纳税人凭专票直接抵扣。在未取得增值税专用发票的情况下，需要分以下情况来分别处理：

（1）取得增值税电子普通发票的，可以直接凭发票上注明的税额进行抵扣；

（2）取得注明旅客身份信息的航空运输电子客票行程单的，按照下列公式计算进项税额：

$$航空旅客运输进项税额 = \frac{票价 + 燃油附加费}{1 + 9\%} \times 9\%$$

航空运输的电子客票行程单上的价款是分项列示的,包括票价、燃油附加费和民航发展基金。因民航发展基金属于政府性基金,不计入航空企业的销售收入。因此计算抵扣的基础是票价加燃油附加费。

3. 取得注明旅客身份信息的铁路车票的,按照下列公式计算进项税额:

$$铁路旅客运输进项税额 = \frac{票面金额}{1+9\%} \times 9\%$$

4. 取得注明旅客身份信息的公路、水路等其他客票的,按照下列公式计算进项税额:

$$公路、水路等其他旅客运输进项税额 = \frac{票面金额}{1+3\%} \times 3\%$$

对于旅客运输的进项税抵扣原则,需要符合现行增值税进项抵扣的基本规定。比如用于免税、简易计税的不得抵扣;用于集体福利、个人消费、非正常损失等情形的不得抵扣等。

(八)关于试行期末留抵退税制度

留抵税额,是指纳税人已缴纳但未抵扣完的进项税额。我国过去一直实行留抵税额结转下期抵扣制度,仅对出口货物服务对应的进项税额,实行出口退税。

自 2019 年 4 月 1 日起,试行增值税期末留抵税额退税制度。

(1) 同时符合以下条件的纳税人,可以向主管税务机关申请退还增量留抵税额:

① 自 2019 年 4 月税款所属期起,连续六个月(按季纳税的,连续两个季度)增量留抵税额均大于零,且第六个月增量留抵税额不低于 50 万元;

② 纳税信用等级为 A 级或者 B 级;

③ 申请退税前 36 个月未发生骗取留抵退税、出口退税或虚开增值税专用发票情形的;

④ 申请退税前 36 个月未因偷税被税务机关处罚两次及以上的;

⑤ 自 2019 年 4 月 1 日起未享受即征即退、先征后返政策的。

(2) 增量留抵税额,是指与 2019 年 3 月底相比新增加的期末留抵税额。

将纳税人 2019 年 3 月底的留抵税额时点数固定设为存量留抵,每个月的增量留抵都是和 2019 年 3 月底的留抵比新增加的留抵税额。

(3) 纳税人当期允许退还的增量留抵税额,按照以下公式计算:

$$允许退还的增量留抵税额 = 增量留抵税额 \times 进项构成比例 \times 60\%$$

[例 2-28] 某企业为一般纳税人,2019 年 3 月底留抵税额 50 万元,2019 年 4 月至 9 月期末留抵税额如下:

月份	4	5	6	7	8	9
期末留抵	60	55	80	70	90	100

4 月至 9 月全部凭增值税专用发票抵扣进项。由于纳税人连续 6 个月都有增量留抵税额,且 9 月份增量留抵税额为 50 万元。如果该企业也同时满足其他四项退税条件,则在 10

月份纳税申报期时可向主管税务机关申请退还留抵税额。

假定进项税额构成比例为100%,则:

$$允许退还的增量留抵税额=增量留抵税额×进项构成比例×60\%$$
$$=50×100\%×60\%=30(万元)$$

如果该企业10月份收到了30万元退税款,则该企业10月份的留抵税额就从100万元调减为70万元(100-30=70)。此后,纳税人可将10月份作为起始月,再往后连续计算6个月来看增量留抵税额的情况。如再次满足退税条件,可继续按规定申请留抵退税。

10月份收到退还的期末留抵时,编制会计分录如下:

借:银行存款 　　　　　　　　　　　　　　　 300 000
　　贷:应交税费——应交增值税(进项税额转出) 　　　 300 000

(九)增值税期末结转和缴纳的账务处理

1. 月末转出多交增值税和未交增值税的账务处理

月度终了,企业应当将当月应交未交或多交的增值税自"应交增值税"明细科目转入"未交增值税"明细科目。

(1) 对于当月应交未交的增值税,应借记"应交税费——应交增值税(转出未交增值税)"科目,贷记"应交税费——未交增值税"科目。

例2-29 某企业2019年6月份"应交税费——应交增值税"明细账户如图表2-3所示:

图表2-3 　　　　　　　　　　应交税费——应交增值税

2018年		凭证		摘要	借方				贷方					借或贷	余额
月	日	种类	编号		进项税额	已交税金	转出未缴增值税	· · ·	销项税额	进项税额转出	出口退税	转出多缴增值税	· · ·		
6	5			购入	26 000									借	26 000
	15			销售					65 000					贷	39 000
	25									5 200				贷	44 200

作增值税期末结转和缴纳的会计分录并登账。

6月30日,月末结转时,编制会计分录如下:

借:应交税费——应交增值税(转出未交增值税) 　　　 44 200

贷:应交税费——未交增值税　　　　　　　　　　　　　　　　　44 200

7月15日,实际上缴时,编制会计分录如下:

借:应交税费——未交增值税　　　　　　　　　　　　　44 200

　　贷:银行存款　　　　　　　　　　　　　　　　　　　　　　44 200

将以上会计分录登记入账如图表2-4、图表2-5所示:

图表 2-4　　　　　　　　　　　　　　　　**应交税费——应交增值税**

2019 年		凭证		摘要	借方				贷方					借或贷	余额
月	日	种类	编号		进项税额	已交税金	转出未缴增值税	· · ·	销项税额	进项税额转出	出口退税	转出多缴增值税	· · ·		
6	5			购入	26 000									借	26 000
	15			销售					65 000					贷	39 000
	25									5 200				贷	44 200
	30						44 200							平	0
				合计	26 000		44 200		65 000	5 200				平	0

图表 2-5　　　　　　　　　　　　　　　**应交税费——未交增值税**

2019 年		凭证		摘要	借方	贷方	借或贷	余额
月	日	种类	编号					
6	30			月末结转		44 200	贷	44 200
7	15			实际上缴	44 200		平	0

(2) 对于当月多交的增值税,借记"应交税费——未交增值税"科目,贷记"应交税费——应交增值税(转出多交增值税)"科目。

2. 缴纳增值税的账务处理

(1) 缴纳当月应交增值税的账务处理。一般纳税人企业缴纳当月应交增值税的,借记"应交税费——应交增值税(已交税金)"科目(小规模纳税人应借记"应交税费——应交增值税"科目),贷记"银行存款"科目。

(2) 缴纳以前期间未交增值税的账务处理。企业交纳以前期间未交的增值税,借记"应交税费——未交增值税"科目,贷记"银行存款"科目。

(3) 预缴增值税的账务处理。"营改增"政策规定,纳税人转让不动产、不在同一县(市)提供不动产租赁服务、跨县(市)提供建筑服务,以及房地产开发企业采取预收款方式销售所开发的房地产项目,应在收到预收款时预缴增值税。

一般纳税人企业预缴增值税时,借记"应交税费——预交增值税"科目,贷记"银行存款"科目。月末,企业应将"预交增值税"明细科目余额转入"未交增值税"明细科目,借记"应交税费——未交增值税"科目,贷记"应交税费——预交增值税"科目。

例 2-30 某房地产开发公司为一般纳税人,选择一般计税方法,2019 年 5 月预收自行开发房地产销售款 3 270 万元,2019 年 9 月将价值 1 635 万元售价的房屋移交给业主。

2019 年 5 月预收工程款时,编制会计分录如下:

借:银行存款   32 700 000

 贷:预收账款   32 700 000

若是项目在异地的情况下还需要预交 2% 的增值税,编制会计分录如下:

借:应交税费——预交增值税   600 000

 贷:银行存款   600 000

32 700 000 ÷ (1 + 9%) × 2% = 600 000(元)

月末结转预交增值税时,编制会计分录如下:

借:应交税费——未交增值税   600 000

 贷:应交税费——预交增值税   600 000

2019 年 9 月,将价值 1 635 万元售价的房屋移交给业主时,编制会计分录如下:

借:预收账款   16 350 000

 贷:主营业务收入   15 000 000

  应交税费——应交增值税(销项税额) 1 350 000

16 350 000 ÷ (1 + 9%) × 9% = 1 350 000(元)

2019 年 9 月末,结转未交增值税时,编制会计分录如下:

借:应交税费——应交增值税(转出未交增值税) 1 350 000

 贷:应交税费——未交增值税   1 350 000

2019 年 10 月 15 日,实际缴纳增值税时,编制会计分录如下:

借:应交税费——未交增值税   750 000

 贷:银行存款   750 000

例 2-31 某一般纳税人建筑企业选择简易计税方法,2019 年 5 月 5 日预收工程款 515 万元,2019 年 6 月 25 日工程竣工,确认收入共计 721 万元。

2019 年 5 月 5 日预收工程款时,编制会计分录如下:

借:银行存款   5 150 000

 贷:预收账款   5 150 000

若是项目在异地的情况下还需要异地预交 3% 的增值税,编制会计分录如下:

借:应交税费——简易计税   150 000

 贷:银行存款   150 000

5 150 000 ÷ (1 + 3%) × 3% = 150 000(元)

2019 年 6 月 25 日,工程验收合格后交付客户,确认收入共计 721 万元,编制会计分录如下:

借:银行存款   7 210 000

 贷:主营业务收入   7 000 000

  应交税费——简易计税   210 000

7 210 000 ÷ (1 + 3%) × 3% = 210 000(元)

2019 年 7 月 15 日,实际缴纳增值税时,编制会计分录如下:

借:应交税费——简易计税   60 000

  贷:银行存款   60 000

小归纳 2-3

  无论是选择一般计税方法还是简易计税方法,建筑服务纳税义务发生时间不再是收到预收款的当天,但为了平衡税款入库,要求收取的预收款仍需要预征一部分税款。按照现行规定应在建筑服务发生地预缴增值税的项目,纳税人收到预收款时在建筑服务发生地预缴增值税。按照现行规定无需在建筑服务发生地预缴增值税的项目,纳税人收到预收款时在机构所在地预缴增值税,适用一般计税方法计税的项目预征率为2%,适用简易计税方法计税的项目预征率为3%。

第三章 消费税

【学习目标】

通过本章学习,明确消费税的纳税人、征收范围、税目税率、计税依据、计税方法等有关规定,掌握消费税的计算与会计处理。

本章导入

一位名叫马斯格雷夫的经济学家告诉政策制定者说,政府要征税,可以在资金的流动中征收,即流转税;或者在流入口征收,即所得税;或者在流出口征收,即支出税;甚至,静止的资本也可以收税,即财产税。

第一节 消费税概述

一、消费税的概念

消费税是对特定的消费品和消费行为在特定环节征收的一种流转税。在我国,消费税是对从事生产、委托加工以及进口应税消费品的单位和个人就其销售额或销售数量或者销售额与销售数量相结合征收的一种流转税。

🔍 **小视野 3-1**

消费税是一种古老的税种,其雏形最早产生于古罗马帝国时期。当时,由于农业、手工业的发展,城市的兴起与商业的繁荣,于是相继开征了诸如盐税、酒税等产品税,这就是消费税的雏形。消费税作为流转税的主体税种,不仅可以保证国家财政收入的稳定增长,而且还可以调节产业结构和消费结构,限制某些奢侈品、高能耗品的生产,正确引导消费。同时,它也体现了一个国家的产业政策和消费政策。消费税发展至今,已成为世界各国普遍征收的税种,目前已被120多个国家或地区所征收,而且还有上升的趋势。特别是近年来在为了可持续发展进行的税收法律制度改革的浪潮中,各国纷纷开征或调整消费税以便建立一个既有利于环境和生态保护,又有利于经济发展的特色税收法律制度。

二、消费税的特点

(一) 选择性征收

消费税是在对货物普遍征收增值税的基础上,选择少数消费品再征收一道消费税,主要是为了调节产品结构,引导消费方向,保证国家财政收入。

(二)单环节课征制

消费税只是在消费品生产、流通或消费的某一环节征收。我国对消费税的纳税环节确定在生产或进口环节。个别消费品是在零售环节征收,如:金银首饰。

(三)税率、税额的差别性

对不同种类或同一种类但不同档次的消费品,设计的税率、税额都不同,实行"一物一税"。

(四)价内税,具有转嫁性

消费税属于价内税,无论在哪个环节征收,纳税人都可以通过销售将自己所纳的消费税转嫁给消费者。

三、消费税的纳税人

在中华人民共和国境内生产、委托加工和进口应税消费品的单位和个人,为消费税的纳税义务人。

四、消费税的征税对象

消费税的征税对象为特定消费品,具体包括:烟;酒及酒精;化妆品;贵重首饰;鞭炮、烟火;汽油、柴油;摩托车;小汽车;高尔夫球及球具;高档手表;游艇;木制一次性筷子;实木地板;铅蓄电池;涂料。

五、消费税的税目与税率

消费税采用比例税率和定额税率两种形式,以适应不同应税消费品的实际情况。消费税税目、税率(税额)如图表 3-1 所示。

图表 3-1　　　　　　　　　　　消费税税目、税率表

税　　目	税　　率
一、烟	
1.卷烟	
(1)甲类卷烟	56%＋0.003 元/支
(2)乙类卷烟	36%＋0.003 元/支
(3)批发环节	11%
2.雪茄烟	36%
3.烟丝	30%
二、酒及酒精	
1.白酒	20%＋0.5 元/500 克(或者 500 毫升)
2.黄酒	240 元/吨
3.啤酒	
(1)甲类啤酒	250 元/吨
(2)乙类啤酒	220 元/吨
4.其他酒	10%
5.酒精	5%

税　目	税　率
三、化妆品	15％
四、贵重首饰及珠宝玉石 　　1. 金银首饰、铂金首饰和钻石及钻石饰品 　　2. 其他贵重首饰和珠宝玉石	 5％ 10％
五、鞭炮、焰火	15％
六、成品油 　　1. 汽油 　　　　（1）含铅汽油 　　　　（2）无铅汽油 　　2. 柴油 　　3. 航空煤油 　　4. 石脑油 　　5. 溶剂油 　　6. 润滑油 　　7. 燃料油	 1.52 元/升 1.52 元/升 1.2 元/升 1.2 元/升 1.52 元/升 1.52 元/升 1.52 元/升 1.2 元/升
七、摩托车 　　1. 气缸容量（排气量，下同）在 250 毫升（含 250 毫升）以下的 　　2. 气缸容量在 250 毫升以上的	 3％ 10％
八、小汽车 　　1. 乘用车 　　　　（1）气缸容量（排气量，下同）在 1.0 升（含 1.0 升）以下的 　　　　（2）气缸容量在 1.0 升以上至 1.5 升（含 1.5 升）的 　　　　（3）气缸容量在 1.5 升以上至 2.0 升（含 2.0 升）的 　　　　（4）气缸容量在 2.0 升以上至 2.5 升（含 2.5 升）的 　　　　（5）气缸容量在 2.5 升以上至 3.0 升（含 3.0 升）的 　　　　（6）气缸容量在 3.0 升以上至 4.0 升（含 4.0 升）的 　　　　（7）气缸容量在 4.0 升以上的 　　2. 中轻型商用客车 　　3. 超豪华小汽车 　　按子税目 1 和子税目 2 的规定征收，零售环节	 1％ 3％ 5％ 9％ 12％ 25％ 40％ 5％ 10％
九、高尔夫球及球具	10％
十、高档手表	20％
十一、游艇	10％
十二、木制一次性筷子	5％
十三、实木地板	5％
十四、铅蓄电池	4％
十五、涂料	4％

消费税的税率,有两种形式:一种是比例税率;另一种是定额税率,即单位税额。消费税税率形式的选择,主要是根据课税对象情况来确定,对一些供求基本平衡、价格差异不大、计量单位规范的消费品,选择计税简的定额税率,如:黄酒、啤酒、成品油等;对一些供求矛盾突出、价格差异较大、计量单位不规范的消费品,选择税价联动的比例税率,如:烟、白酒、化妆品、护肤护发品、鞭炮、贵重首饰及珠宝玉石、摩托车、小汽车等。

一般情况下,对一种消费品只选择一种税率形式,但为了更好地保全消费税税基,对一些应税消费品(如:卷烟、白酒),则采用了定额税率和比例税率双重征收的形式。

小思考 3-1

消费税与增值税有什么相同点和不同点?

小视野 3-2

图表 3-2	增值税与消费税纳税环节的不同		
	生产(进口)环节	批发环节	零售环节
增值税	缴纳	缴纳	缴纳
消费税(一般)	缴纳	不缴纳	不缴纳
消费税(金银首饰)	不缴纳	不缴纳	缴纳
消费税(卷烟)	缴纳(复合计税)	缴纳(从价计税)	不缴纳

第二节　消费税应纳税额的计算

一、生产销售环节应纳消费税的计算

纳税人在生产销售环节应缴纳的消费税,包括直接对外销售应税消费品应缴纳的消费税和自产自用应税消费品应缴纳的消费税。

(一)直接对外销售应税消费品的计税方法

直接对外销售应税消费品可能涉及三种计税方法。

1.从价定率计税

$$应纳消费税税额 = 应税消费品的销售额 \times 比例税率$$

例 3-1 某化妆品生产企业为增值税一般纳税人。2019 年 5 月 15 日向某大型商场销售化妆品一批,开具增值税专用发票,取得不含增值税销售额 30 万元,增值税额 3.9 万元。

要求:计算该化妆品生产企业上述业务应缴纳的消费税额。

计算分析如下:

化妆品的应税销售额 = 30(万元)。

应缴纳的消费税额 = 30×15% = 4.5(万元)。

例 3-2 某化妆品生产企业为增值税一般纳税人。2019 年 5 月 20 日向某单位销售化妆品一批,开具普通发票,取得含增值税销售额 4.52 万元。

要求:计算该化妆品生产企业上述业务应缴纳的消费税额。

计算分析如下:

化妆品的应税销售额 = 4.52÷(1+13%) = 4(万元)。

应缴纳的消费税额 = 4×15% = 0.6(万元)。

2. 从量定额计税

$$应纳税额 = 应税消费品的销售数量 \times 定额税率(或单位税额)$$

例 3-3 某啤酒厂 2019 年 5 月销售乙类啤酒 400 吨,每吨出厂价格 2 800 元。

要求:计算 5 月份该啤酒厂应纳消费税税额。

计算分析如下:

销售乙类啤酒,适用定额税率为每吨 220 元。

应纳消费税额 = 400×220 = 88 000(元)。

3. 从价定率和从量定额复合计税

现行消费税的征税范围中,只有卷烟、白酒采用复合计税方法。其计算公式为:

$$应纳税额 = 应税销售数量 \times 定额税率 + 应税销售额 \times 比例税率(或单位税额)$$

例 3-4 某白酒生产企业为增值税一般纳税人,2019 年 5 月销售粮食白酒 50 吨,取得不含增值税的销售额 150 万元。

要求:计算白酒生产企业 5 月份应缴纳的消费税额。

计算分析如下:

白酒适用比例税率 20%,定额税率每 500 克 0.5 元。

应纳税额 = 50×2 000×0.5÷10 000+150×20% = 35(万元)。

小归纳 3-1

消费税的计税方法归纳如图表 3-3 所示。

图表 3-3

计税方法	适用税目	计税公式
1. 从价定率计税		应纳税额=销售额×比例税率 销售额(含消费税、不含增值税)
2. 从量定额计税	黄酒、啤酒、成品油	应纳税额=销售数量×定额税率
3. 复合计税	卷烟、白酒	应纳税额=销售数量×定额税率+销售额×比例税率

（二）纳税人自产自用应税消费品的计税方法

所谓自产自用，就是纳税人生产应税消费品后，不是用于直接对外销售，而是用于自己连续生产应税消费品或用于其他方面。例如，企业把自己生产的应税消费品，以福利或奖励等形式发给本厂职工，虽然这部分应税消费品没有对外销售，但仍然发生了纳税行为，应当按照规定计算缴纳消费税。

1. 用于连续生产应税消费品

纳税人自产自用的应税消费品，用于连续生产应税消费品的，不纳税。

2. 用于其他方面的应税消费品

纳税人自产自用的应税消费品，除用于连续生产应税消费品外，凡用于其他方面的，于移送使用时纳税。

用于其他方面是指纳税人用于生产非应税消费品，用于在建工程、管理部门、非生产机构、提供劳务，以及用于馈赠、赞助、集资、广告、样品、职工福利、奖励等方面。

3. 组成计税价格及税额的计算

纳税人自产自用的应税消费品，凡用于其他方面应当纳税的，按照纳税人生产的同类消费品的销售价格计算纳税。同类消费品的销售价格是指纳税人当月销售的同类消费品的销售价格。

没有同类消费品销售价格的，按照组成计税价格计算纳税。组成计税价格的计算公式有以下两种。

① 实行从价定率办法计算纳税的组成计税价格计算公式为：

$$组成计税价格 ＝（成本＋利润）÷（1－消费税比例税率）$$

$$应纳税额 ＝ 组成计税价格 × 比例税率$$

② 实行复合计税办法计算纳税的组成计税价格计算公式：

$$组成计税价格 ＝（成本＋利润＋自产自用数量×定额税率）÷（1－消费税比例税率）$$

$$应纳税额 ＝ 自产自用数量×定额税率＋组成计税价格×比例税率$$

上述公式中所说的"成本"，是指应税消费品的产品生产成本。

上述公式中所说的"利润"，是指根据应税消费品的全国平均成本利润率计算的利润。应税消费品全国平均成本利润率由国家税务总局确定。

[例 3-5] 一酒厂为增值税小规模纳税人，自产特制白酒 2 000 斤，用于厂庆活动，每斤白酒生产成本 12 元，无同类产品售价（白酒成本利润率 10%）。

要求：计算酒厂应缴纳的消费税。

计算分析如下：

组成计税价格 ＝［2 000×12×（1＋10%）＋2 000×0.5］÷（1－20%）＝ 34 250（元）。

应纳消费税额 ＝ 2 000×0.5＋34 250×20% ＝ 7 850（元）。

[例 3-6] 某化妆品公司将一批自产的化妆品用作职工福利，化妆品的成本 8 000 元，该化妆品无同类产品市场销售价格，但已知其成本利润率为 5%，消费税税率为 15%。

要求：计算该批化妆品应缴纳的消费税税额。

计算分析如下：

组成计税价格 ＝ 成本×（1＋成本利润率）÷（1－消费税税率）

$$＝ 8 000×（1＋5%）÷（1－15%）$$

$$= 8\ 400 \div 0.85 = 9\ 882.35(元)。$$

应纳税额 $= 9\ 882.35 \times 15\% = 1\ 482.35(元)$。

二、委托加工应税消费品的计税方法

企业、单位或个人由于设备、技术、人力等方面的局限，或其他方面的原因，常常要委托其他单位代为加工应税消费品，然后将加工好的应税消费品收回，直接销售或自己使用。这是生产应税消费品的另一种形式，也需要纳入征收消费税的范围。

（一）委托加工应税消费品由受托方代收代缴消费税

委托加工的应税消费品是指由委托方提供原料和主要材料，受托方只收取加工费和代垫部分辅助材料加工的应税消费品。税法规定，由受托方在向委托方交货时代收代缴消费税。这样，受托方就是法定的代收代缴义务人。

委托加工的应税消费品，受托方在交货时已代收代缴消费税，委托方收回后直接销售的，不再征收消费税；委托方收回后用于连续生产应税消费品的，其已纳税款按照规定准予从连续生产的应税消费品应纳消费税税额中抵扣。

（二）组成计税价格及应纳税额的计算

委托加工的应税消费品，按照受托方的同类消费品的销售价格计算纳税，没有同类消费品销售价格的，按照组成计税价格计算纳税。组成计税价格的计算公式有以下两种。

① 实行从价定率办法计算纳税的组成计税价格计算公式为：

$$组成计税价格 = （材料成本 + 加工费）\div（1 - 消费税比例税率）$$

② 实行复合计税办法计算纳税的组成计税价格计算公式为：

$$组成计税价格 = （材料成本 + 加工费 + 委托加工数量 \times 定额税率）\div$$
$$（1 - 消费税比例税率）$$

例 3-7 某鞭炮企业 4 月受托为某单位加工一批鞭炮，委托单位提供的原材料金额为 30 万元，收取委托单位不含增值税的加工费 4 万元，鞭炮企业无加工鞭炮的同类产品市场价格。

要求：计算该鞭炮企业应代收代缴的消费税。

计算分析如下：

鞭炮的适用税率为 15%。

组成计税价格 $= （30 + 4）\div（1 - 15\%）= 40(万元)$。

应代收代缴消费税 $= 40 \times 15\% = 6(万元)$。

三、进口应税消费品的计税方法

进口应税消费品的消费税由海关代征，进口的应税消费品，由进口人或者其代理人于报关进口时向报关地海关申报纳税。纳税人进口应税消费品，按照关税征收管理的相关规定，应当自海关填发海关进口消费税专用缴款书之日起 15 日内缴纳税款。

纳税人进口应税消费品，按照组成计税价格和规定的税率计算应纳税额。计算方法有以下几种。

(一) 从价定率计征应纳税额的计算

$$组成计税价格 = （关税完税价格 ＋ 关税）÷（1 － 消费税比例税率）$$

$$应纳税额 = 组成计税价格 × 消费税比例税率$$

公式中所称"关税完税价格"，是指海关核定的关税计税价格。

例 3-8 某商贸公司于 2019 年 6 月从国外进口一批应税消费品，已知该批应税消费品的关税完税价格为 90 万元，按规定应缴纳关税 7.2 万元。假定进口的应税消费品的消费税税率为 10%。

要求：请计算该批消费品进口环节应缴纳的消费税税额。

计算分析如下：

组成计税价格 ＝（90 ＋ 7.2）÷（1 － 10%）＝ 108（万元）。

应缴纳消费税税额 ＝ 108 × 10% ＝ 10.8（万元）。

(二) 实行从量定额计征应纳税额的计算

应纳税额的计算公式为：

$$应纳税额 = 应税消费品数量 × 消费税定额税率$$

例 3-9 某外贸公司于 2019 年 1 月进口无铅汽油 1 000 万吨（1 吨汽油 ＝ 1 388 升）。

要求：计算进口环节应缴纳的消费税税额。

计算分析如下：

应纳税额 ＝ 1 000 × 1 388 × 1.52 ＝ 2 109 760（万元）。

(三) 实行从价定率和从量定额复合计税办法应纳税额的计算

应纳税额的计算公式为：

$$组成计税价格 = （关税完税价格 ＋ 关税 ＋ 进口数量 × 消费税定额税率）÷$$
$$（1 － 消费税比例税率）$$

$$应纳税额 = 应税消费品进口数量 × 消费税定额税额 ＋ 组成计税价格 × 消费税税率$$

进口环节消费税除国务院另有规定者外，一律不得给予减税、免税。

小思考 3-2

请说出正常销售应税消费品、自产自用应税消费品、委托加工应税消费品和进口应税消费品情况下消费税的组成计税价格（只考虑从价定率）。

小知识 3-2

消费税纳税地点

纳税人销售的应税消费品，以及自产自用的应税消费品，除国务院另有规定外，应当向纳税人核算地主管税务机关申报纳税。

委托加工的应税消费品，除委托个人加工以外，由受托方向所在地主管税务机关代收代缴消费税税款。委托个人加工的应税消费品，由委托方向其机构所在地或者居住

纳税实务

地主管税务机关申报纳税。

进口的应税消费品,由进口人或者其代理人向报关地海关申报纳税。

纳税人到外县(市)销售或者委托外县(市)代销自产应税消费品的,于应税消费品销售后,向机构所在地或者居住地主管税务机关申报纳税。

纳税人的总机构与分支机构不在同一县(市)的,应当分别向各自机构所在地的主管税务机关申报纳税(卷烟批发除外);经财政部、国家税务总局或者其授权的财政、税务机关批准,可以由总机构汇总向总机构所在地的主管税务机关申报纳税。

第三节 消费税的会计核算

一、消费税核算的账户设置

缴纳消费税的企业,在"应交税费"科目下设置"应交消费税"明细科目进行会计核算。该明细科目的借方发生额,反映企业实际缴纳的消费税和待扣的消费税;贷方发生额,反映按规定应缴纳的消费税;期末贷方余额,反映尚未缴纳的消费税;期末借方余额,反映多缴或待扣的消费税。

二、消费税核算的账务处理

(一) 销售应税消费品的账务处理

企业销售应税消费品应交的消费税,应借记"税金及附加"科目,贷记"应交税费——应交消费税"科目。

例 3-10 某企业销售所生产的化妆品,价款 2 000 000 元(不含增值税),适用的消费税税率为 15%。应纳消费税为 2 000 000 × 15% = 300 000(元)。

编制会计分录如下:

借:税金及附加   300 000
  贷:应交税费——应交消费税   300 000

(二) 自产自用应税消费品的账务处理

企业将生产的应税消费品用于在建工程等非生产项目时,按规定应交纳的消费税,借记"在建工程"等科目,贷记"应交税费——应交消费税"科目。

例 3-11 某企业在建工程领用自产柴油成本为 50 000 元,按市场价 60 000 元计算的应纳增值税 7 800 元,应纳消费税 6 000 元。

编制会计分录如下:

借:在建工程   73 800
  贷:主营业务收入   60 000
    应交税费——应交增值税(销项税额)   7 800

——应交消费税	6 000

同时结转成本：

借：主营业务成本	50 000
贷：库存商品	50 000

（三）委托加工应税消费品的账务处理

需要缴纳消费税的委托加工物资，应由受托方代收代缴消费税，受托方按照应交税款金额，借记"应收账款"、"银行存款"等科目，贷记"应交税费——应交消费税"科目。

委托加工物资收回后，直接用于销售的，应将受托方代收代缴的消费税计入委托加工物资的成本，借记"委托加工物资"等科目，贷记"应付账款"、"银行存款"等科目；委托加工物资收回后用于连续生产应税消费品，按规定准予抵扣的，应按已由受托方代收代缴的消费税，借记"应交税费——应交消费税"科目，贷记"应付账款"、"银行存款"等科目。

例3-12 A厂发出材料100 000元，委托B厂加工应税消费品，支付加工费2 000元；A厂收回加工材料后，将其用于继续加工应税消费品。适用增值税税率16%，消费税税率5%。

要求：编制A厂发出材料、支付加工费、支付代扣代缴消费税和加工材料完工入库的会计分录；编制B厂收取加工费、收取代扣代缴消费税以及缴纳消费税的会计分录。

计算分析如下：

A厂：

1）发出材料：

借：委托加工物资	100 000
贷：原材料	100 000

2）支付加工费：

借：委托加工物资	2 000
应交税金——应交增值税（进项税额）	260
贷：银行存款	2 260

3）支付代扣代缴消费税：

借：应交税费——应交消费税	5 368.42
贷：银行存款	5 368.42

$[(100\ 000+2\ 000)\div(1-5\%)]\times5\%\approx5\ 368.42(元)$

4）加工材料入库：

借：原材料	102 000
贷：委托加工物资	102 000

若A厂将委托加工的物资收回后直接出售的，委托方应将对方代收代缴的消费税计入委托加工物资的成本。

上述3）分录应改为：

借：委托加工物资	5 368.42
贷：银行存款	5 368.42

上述4）分录应改为：

借：原材料（或库存商品）	107 368.42
贷：委托加工物资	107 368.42

B厂：

1）收取加工费

借：银行存款　　　　　　　　　　　　　　　　　　　2 260

　　贷：主营业务收入　　　　　　　　　　　　　　　　2 000

　　　　应交税费——应交增值税（销项税额）　　　　　260

2）收取代扣代缴消费税

借：银行存款　　　　　　　　　　　　　　　　　　5 368.42

　　贷：应交税费——应交消费税　　　　　　　　　　5 368.42

3）缴纳消费税

借：应交税费——应交消费税　　　　　　　　　　　5 368.42

　　贷：银行存款　　　　　　　　　　　　　　　　　5 368.42

（四）进口应税消费品的账务处理

企业进口应税物资在进口环节应交的消费税，计入该项物资的成本，借记"材料采购"、"固定资产"等科目，贷记"银行存款"科目。

例 3-13　甲公司为增值税一般纳税人，2019 年 5 月进口一批化妆品，海关核定的关税完税价格为 80 万元，甲公司缴纳进口关税 5 万元。增值税税率 13%，消费税税率 15%。采购的商品已经验收入库，货款及税款已经用银行存款支付。

$$应纳消费税 = \frac{80 + 5}{1 - 15\%} \times 15\% = 15（万元）$$

$$应纳增值税 = (80 + 5 + 15) \times 13\% = 13（万元）$$

编制会计分录如下：

借：库存商品　　　　　　　　　　　　　　　　　1 000 000

　　应交税费——应交增值税（进项税额）　　　　　130 000

　　贷：银行存款　　　　　　　　　　　　　　　　1 130 000

第四章　企业所得税

【学习目标】

通过本章的学习,了解企业所得税的概念和特点,明确企业所得税的纳税人、征税对象和税率,理解收入总额和扣除项目是如何确定的,应纳税所得额又是如何确定的,并在此基础上正确计算应纳所得税额。知晓企业所得税核算所需要设置的账户,掌握企业所得税的会计核算。

本章导入

所得税创始于英国,18世纪末正值英法战争时期,英国为筹措军费,创设了一种名为"三级税"实为所得税的新税种。19世纪以后,资本主义国家相继开征所得税,所得税发展成为当今世界各国普遍征收的主要税种。所得税名称很多,如:国家所得税、市政所得税、公司所得税、法人所得税等,虽然称呼各异,但都是以通过较为严密的盈亏程序计算出的净收益为征税对象进行征收的税种。

第一节　企业所得税概述

一、企业所得税的概念

企业所得税是以企业的生产经营所得和其他所得为计税依据征收的一种税。

小知识4-1

企业所得税是现代市场经济国家普遍开征的重要税种,是市场经济国家参与企业利润分配、正确处理国家与企业分配关系的一类税种,目前世界上已有160多个国家或地区开征了企业所得税。

二、企业所得税的特点

(一) 以所得额为计税依据,体现了量能负担的原则

所得额是企业的各项收入总额扣除各项成本、费用等开支后的净所得额,这个净所得额,需要经过一系列复杂的程序才能计算出来。对纳税人来讲,所得多、负担能力强的,多纳税;所得少、负担能力弱的,少纳税;无所得、没有负担能力的,不纳税。将所得税负担与纳税人所得多少结合起来征税,体现了税负公平的原则。

1980年9月,我国颁布了《中华人民共和国中外合资经营企业所得税法》,这是我国第一部企业所得税法。其税率确定为30%,另按应纳所得税税额附征10%的地方所得税。1983年对国营企业实行利改税,即由上缴利润改为征收所得税,大中型企业实行55%的比例税率;1993年12月,国务院发布了《中华人民共和国企业所得税暂行条例》,实行33%的比例税率;2007年3月16日第十届全国人民代表大会第五次会议通过《中华人民共和国企业所得税法》,自2008年1月1日起施行。新颁布的企业所得税法统一了内外资企业所得税制,统一将内外资企业所得税税率规定为25%,体现了税负公平的原则,使内资企业尤其是中小企业获得了与外资企业公平竞争的机会。而小微企业所得税税率为20%,比正常25%的税率低5个百分点,并且从2010年起,小微企业所得税减半征收政策出台,应纳税所得额从3万提高到6万、10万、20万、30万、50万、100万、300万,助力小微企业尽快成长。

(二)采用"分期预缴,年末汇算清缴"的征收办法

企业的经营业绩,一般是按年度计算和衡量的,所以,企业所得税一般是以全年的应纳税所得额作为计税依据,但财政收入又需要及时入库,因此企业所得税的征收采用了分月或分季预缴,年终汇算清缴的征收办法。

(三)纳税人与负税人一致

企业所得税是一种直接税,纳税人与负税人一致,纳税人缴纳的所得税一般不能转嫁给别人,而是纳税人自己负担,这样对企业的调节作用更加明显。不像增值税,纳税人与负税人是不一致的,它具有转嫁性,增值税的最终承担者是消费者而不是纳税人。因此企业所得税法明确了不同的税率和不同的优惠政策,以便充分发挥税收调节经济的杠杆作用。

三、企业所得税的纳税人

企业所得税的纳税人为在中华人民共和国境内的企业和其他取得收入的组织(以下统称企业),但个人独资企业、合伙企业不包括在内。

小知识 4-2

依照我国法律成立的个人独资企业和合伙企业按照个体工商业户生产经营所得项目缴纳个人所得税。个人独资企业如为有限责任公司性质则应缴纳企业所得税。

企业所得税法规定,企业分为居民企业和非居民企业,其定义和纳税要求如图表4-1所示。

图表 4-1

	居民企业	非居民企业
定义	居民企业是指依法在中国境内成立,或者依照外国(地区)法律成立但实际管理机构在中国境内的企业	非居民企业是指依照外国(地区)法律成立且实际管理机构不在中国境内,但在中国境内设立机构、场所的,或者在中国境内未设立机构、场所,但有来源于中国境内所得的企业

	居民企业	非居民企业
纳税要求	居民企业应当就其来源于中国境内、境外的所得缴纳企业所得税	(1)非居民企业在中国境内设立机构、场所的,应当就其所设机构、场所取得的来源于中国境内的所得,以及发生在中国境外但与其所设机构、场所有实际联系的所得,缴纳企业所得税。 (2)非居民企业在中国境内未设立机构、场所的,或者虽设立机构、场所但取得的所得与其所设机构、场所没有实际联系的,应当就其来源于中国境内的所得缴纳企业所得税

四、企业所得税的征税对象

企业所得税的征税对象是企业取得的生产经营所得和其他所得,具体分类如图表4-2所示。

图表4-2

	生产经营所得	企业从事制造业、采掘业、交通运输业、建筑安装业、农业、林业、畜牧业、水利业、商品流通业、金融业、保险业、邮电通信业、服务业,以及经国务院财政、税务部门确认的其他营利事业取得的所得
企业所得税征税对象	其他所得	企业的股息、利息、租金、转让各类资产、特许权使用费以及营业外收益等所得
	清算所得	企业按照章程规定解散或者破产,以及因其他原因宣布终止,其清算结束后的清算所得

五、企业所得税的税率

企业所得税税率分为基本税率、低税率和优惠税率三种,具体如图表4-3所示。

图表4-3

档次	税率	适用企业
1	基本税率25%	居民企业以及在中国境内设立机构、场所的非居民企业
2	低税率20%	符合条件的小型微利企业
3	优惠税率15%	国家需要重点扶持的高新技术企业,经认定的技术先进型服务企业(服务贸易类)
4	优惠税率10%	非居民企业在中国境内未设立机构、场所的,或者虽设立机构、场所但取得的所得与其所设机构、场所没有实际联系的,应当就其来源于中国境内的所得减按10%的税率缴纳企业所得税

上表中可以享受企业所得税税收优惠的小型微利企业是指从事国家非限制性和禁止行业,并符合下列条件的企业:

企业资产总额不超过 5 000 万元,从业人数不超过 300 人,应纳税所得额不超过 300 万元。

自 2019 年 1 月 1 日至 2021 年 12 月 31 日,对小型微利企业年应纳税所得额不超过 100 万元的部分,减按 25％计入应纳税所得额,按 20％的税率缴纳企业所得税;对年应纳税所得额超过 100 万元但不超过 300 万元的部分,减按 50％计入应纳税所得额,按 20％的税率缴纳企业所得税。

小型微利企业无论按查账征收方式或核定征收方式缴纳企业所得税,均可享受上述优惠政策。

小型微利企业所得统一实行按季度预缴。资产总额、从业人数指标计算截至本期申报所属期末的季度平均值;年度应纳税所得额指标暂按截至本期申报所属期末不超过 300 万元的标准判断。

例如,年应纳税所得额 100 万元,则应纳所得税额为 $100 \times 25％ \times 20％ = 5$(万元);如果年应纳税所得额为 260 万,则应纳所得税额为 $(100 \times 25％ + 160 \times 50％) \times 20％ = 21$(万元)。因此,小型微利企业实际所得税税负降至 5％和 10％。

小归纳 4-1

1. 应纳税所得额 100 万元以下,税负是 5％,低于标准税率 20 个百分点。
2. 应纳税所得额是 100 万元至 300 万元之间的,税负是 10％,低于标准税率 15 个百分点。

企业在当年首次预缴企业所得税时,必须向主管税务机关提供企业上年度符合小型微利企业条件的相关证明材料。主管税务机关对企业提供的相关证明材料核实后,认定企业上年度不符合小型微利企业条件的,该企业当年不得按 20％的税率填报纳税申报表。

小练习 4-1

某企业资产总额 2 000 万,有 100 个员工。该企业 2019 年度应纳税所得额 240 万元,应纳企业所得税额为多少?

小视野 4-2

对创投企业和天使投资个人投向初创科技型企业符合条件的可按投资额 70％抵扣应纳税所得额。适用这项优惠政策的初创科技型企业的范围扩展为:①资产总额和年销售收入均不超过 5 000 万元;②从业人数不超过 300 人。

六、企业所得税的纳税地点

企业所得税的纳税地点,如图表 4-4 所示。

居民企业	非居民企业
居民企业除税收法律、行政法规另有规定外： ① 以企业登记注册地为纳税地点； ② 登记注册地在境外的，以实际管理机构所在地为纳税地点； ③ 在中国境内设立不具有法人资格的营业机构的，应当汇总计算并缴纳企业所得税	非居民企业按其是否在中国境内设立机构、场所分别确定： ① 在中国境内设立机构、场所的，以机构、场所所在地为纳税地点； ② 在中国境内设立两个或者两个以上机构、场所的，经税务机关审核批准，可以选择由其主要机构、场所汇总缴纳企业所得税； ③ 在中国境内未设立机构、场所的，或者虽设立机构、场所但取得的所得与其所设机构、场所没有实际联系的，取得来源于中国境内的所得应以扣缴义务人所在地为纳税地点

七、企业所得税的纳税期限

企业所得税实行按年计算、分月或分季预缴、年终汇算清缴、多退少补的征纳方法。具体纳税期限由主管税务机关根据纳税人应纳税额的大小，予以核定。

企业所得税的纳税期限按纳税年度计算，纳税年度自公历 1 月 1 日起至 12 月 31 日止。

企业所得税采用分月预缴的，应当自月份终了之日起十五日内向税务机关报送预缴企业所得税纳税申报表，预缴税款；采用分季预缴的，应当自季度终了之日起十五日内向税务机关报送预缴企业所得税纳税申报表，预缴税款。

企业应当自年度终了之日起五个月内，向税务机关报送年度企业所得税纳税申报表，并汇算清缴，结清应缴应退税款。

八、企业所得税的税收减免

根据企业所得税法，企业所得税的税收减免的具体办法，主要有：

（1）企业的下列所得，可以免征、减征企业所得税：

① 从事农、林、牧、渔业项目的所得；

② 从事国家重点扶持的公共基础设施项目投资经营的所得；

③ 从事符合条件的环境保护、节能节水项目的所得；

④ 符合条件的技术转让所得；

⑤ 非居民企业在中国境内未设立机构、场所的，或者虽设立机构、场所但取得的所得与其所设机构、场所没有实际联系的，其来源于中国境内的所得，减按 10% 的税率征收企业所得税。

（2）符合条件的小型微利企业，减按 20% 的税率征收企业所得税。

（3）国家需要重点扶持的高新技术企业，减按 15% 的税率征收企业所得税。

（4）民族自治地方的自治机关对本民族自治地方的企业应缴纳的企业所得税中属于地方分享的部分，可以决定减征或者免征。自治州、自治县决定减征或者免征的，须报省、自治区、直辖市人民政府批准。

（5）企业的下列支出，可以在计算应纳税所得额时加计扣除：

① 开发新技术、新产品、新工艺发生的研究开发费用。

研究开发费用，未形成无形资产计入当期损益的，在按照规定据实扣除的基础上，在2018 年 1 月 1 日至 2020 年 12 月 31 日期间，再按照实际发生额的 75% 在税前加计扣除；形成无形资产的,在上述期间按照无形资产成本的175%在税前摊销。

小知识 4-3

研发费用加计扣除

1. 人员人工费用

接受劳务派遣的企业按照约定支付给劳务派遣企业并实际支付给外聘研发人员的工资薪金以及对研发人员股权激励的支出。

2. 直接投入费用

包括研发活动直接消耗的材料、燃料和动力费用。

3. 折旧费用

用于研发活动的仪器、设备,符合税法规定且选择加速折旧优惠政策的,就税前扣除的折旧部分计算加计扣除。

企业新购用于研发活动的设备,单位价值500万元及以下的,允许一次性税前扣除。

4. 无形资产摊销费用

用于研发活动的无形资产,符合税法规定且选择缩短摊销年限的,就税前扣除的摊销部分计算加计扣除。

5. 其他相关费用

除了原来的费用项目外,还包括职工福利费、补充养老保险费、补充医疗保险费,以进一步激发研发人员积极性。

6. 明确其他相关问题

企业委托外部机构或个人进行研发活动所发生的费用,按照费用实际发生额的80%计入委托方研发费用并计算加计扣除,受托方不得再进行加计扣除。委托方享受加计扣除优惠的权益不得转移给受托方等。

委托境外进行研发活动所发生的费用,按照费用实际发生额的80%计入委托方的委托境外研发费用。委托境外研发费用不超过境内符合条件的研发费用三分之二的部分,可以按规定在企业所得税前加计扣除(不包括境外个人进行的研发活动)。

小思考 4-1

某企业2019年发生委托境外研发费用90万元,当年境内符合条件的研发费用为120万元。请问可按规定适用加计扣除政策的委托境外研发费用是多少?

---

② 安置残疾人员及国家鼓励安置的其他就业人员所支付的工资。

企业安置残疾人员的,在按照支付给残疾职工工资据实扣除的基础上,按照支付给残疾职工工资的100%加计扣除。

(6) 创业投资企业从事国家需要重点扶持和鼓励的创业投资,可以按投资额的一定比例抵扣应纳税所得额。

(7) 企业的固定资产由于技术进步等原因,确需加速折旧的,可以缩短折旧年限或者采取加速折旧的方法。

采取缩短折旧年限方法的,最低折旧年限不得低于规定折旧年限的 60%;采取加速折旧方法的,可以采取双倍余额递减法或者年数总和法。

企业在 2018 年 1 月 1 日至 2020 年 12 月 31 日期间新购进的设备、器具、单位价值不超过 500 万元的,允许一次性计入当期成本费用在计算应纳税所得额时扣除,不再分年度计算折旧;单位价值超过 500 万元的,仍按企业所得税法实施条例相关规定执行。

所称设备、器具,是指除房屋、建筑物以外的固定资产。

(8)企业综合利用资源,生产符合国家产业政策规定的产品所取得的收入,可以在计算应纳税所得额时减计收入,减按 90% 计入收入总额。

(9)企业购置用于环境保护、节能节水、安全生产等专用设备的投资额,可以按一定比例实行税额抵免。

(10)根据国民经济和社会发展的需要,或者由于突发事件等原因对企业经营活动产生重大影响的,国务院可以制定企业所得税专项优惠政策,报全国人民代表大会常务委员会备案。

小思考 4-2

某企业为 2019 年购入如下固定资产,可以一次性扣除的是(　　　)。

A. 单价 12 000 元电脑 20 台共计 240 000 元

B. 单价 580 万元计算机网络设备一台

C. 单价 495 万元 90 平方米办公室一间

D. 单价 250 万元专用于研发的设备一台

E. 单价 45 万元商务车一辆

第二节　企业所得税应纳税额的计算

企业所得税应纳税额的计算公式为:

$$应纳税额 = 应纳税所得额 \times 所得税税率$$

计算应纳税额,必须先计算确定应纳税所得额。

应纳税所得额是企业所得税的计算依据,按照企业所得税法规定,应纳税所得额为企业每一个纳税年度的收入总额减除不征税收入、免税收入、各项扣除以及允许弥补的以前年度亏损后的余额。其计算公式为:

$$应纳税所得额 = 收入总额 - 不征税收入 - 免税收入 - 各项扣除 -$$
$$允许弥补的以前年度亏损$$

一、收入总额

企业以货币形式和非货币形式从各种来源取得的收入,为收入总额。包括:销售货物收入,提供劳务收入,转让财产收入,股息、红利等权益性投资收益,利息收入,租金收入,特许权使用费收入,接受捐赠收入以及其他收入。

企业取得的货币性收入,包括现金、银行存款、应收账款、应收票据、准备持有至到期的债券投资以及债务的豁免等;非货币性收入包括固定资产、生物资产、无形资产、股权投资、存货、不准备持有至到期的债券投资、劳务以及有关权益等。非货币性资产应当按照公允价值确定收入额,即按照市场价格确定收入额。收入的具体构成如图表4-5所示。

图表4-5　　　　　　　　　　　　　　收入的类型和构成

一般收入的确认	1. 销售货物收入,指企业销售商品、产品、原材料、包装物、低值易耗品以及其他存货取得的收入
	2. 提供劳务收入,指企业从事建筑安装、修理修配、交通运输、仓库租赁、金融保险、邮电通信、咨询经纪、文化体育、科学研究、技术服务、教育培训、餐饮住宿、中介代理、卫生保健、社区服务、旅游、娱乐、加工以及其他劳务服务活动取得的收入
	3. 转让财产收入,指企业转让固定资产、生物资产、无形资产、股权、债权等财产取得的收入
	4. 股息、红利等权益性投资收益,指企业因权益性投资从被投资方取得的收益
	5. 利息收入,指企业将资金提供给他人使用但不构成权益性投资,或者因他人占用本企业资金取得的收入,包括存款利息、贷款利息、债券利息、欠款利息等收入
	6. 租金收入,指企业提供固定资产、包装物或者其他有形资产的使用权取得的收入
	7. 特许权使用费收入,指企业提供专利权、非专利技术、商标权、著作权以及其他特许权的使用权取得的收入
	8. 接受捐赠收入,指企业接受的来自其他企业、组织或者个人无偿给予的货币性资产、非货币性资产
	9. 其他收入,指企业取得的除以上收入外的其他收入,包括企业资产溢余收入、逾期未退包装物押金收入、确实无法偿付的应付款项、已作坏账损失处理后又收回的应收账款、债务重组收入、补贴收入、违约金收入、汇兑损益等

二、不征税收入与免税收入

国家为了扶持和鼓励某些特殊的纳税人或特定的项目,或者避免因征税影响企业的正常经营,对企业取得的某些收入予以不征税或免税的特殊政策,以减轻企业的负担,促进经济的协调发展。

(一) 不征税收入

收入总额中的下列收入为不征税收入:

① 财政拨款;

② 依法收取并纳入财政管理的行政事业性收费、政府性基金;

③ 由国务院财政、税务主管部门规定专项用途并经国务院批准的财政性资金。

(二) 免税收入

企业的下列收入为免税收入:

① 国债利息收入;

② 符合条件的居民企业之间的股息、红利等权益性投资收益；

③ 在中国境内设立机构、场所的非居民企业从居民企业取得与该机构、场所有实际联系的股息、红利等权益性投资收益；

④ 符合条件的非营利组织的收入。

三、各项扣除

企业实际发生的与取得收入有关的、合理的支出，包括成本、费用、税金、损失和其他支出，准予在计算应纳税所得额时扣除，具体内容如图表4-6所示。

图表4-6　　　　　　　　　　　　扣除项目及内容

项目	内　　容
成本	是指企业销售产品、提供劳务、转让固定资产、无形资产的成本
费用	是指企业每一个纳税年度为生产、经营商品和提供劳务所发生的销售（经营）费用、管理费用和财务费用。已经计入成本的有关费用除外
税金	是指企业实际发生的除企业所得税和允许抵扣的增值税以外的企业缴纳的各项税金及附加，即企业按规定缴纳的消费税、城市维护建设税、关税、资源税、土地增值税、房产税、车船税、土地使用税、印花税、教育费附加、产品销售税金及附加
损失	是指企业在生产经营活动中发生的固定资产和存货的盘亏、毁损、报废净损失，转让财产损失、呆账损失、坏账损失、自然灾害等不可抗力因素造成的损失以及其他损失
其他支出	是指除成本、费用、税金、损失外，企业在生产经营活动中发生的与生产经营活动有关的、合理的支出

在计算应纳税所得额时，扣除项目及其标准如图表4-7所示。

图表4-7　　　　　　　　　　　　扣除项目及标准

扣除项目	扣除标准
1. 工资、薪金支出	是指企业每一纳税年度支付给在本企业任职或者受雇的员工的所有现金或者非现金形式的劳动报酬，包括基本工资、奖金、津贴、补贴、年终加薪、加班工资，以及与任职或受雇有关的其他支出。超过标准的按标准扣除，没超过标准的据实扣除
2. 职工福利费、工会经费、职工教育经费、党组织工作经费	职工福利费支出不超过工资薪金总额14％的部分准予扣除；拨缴的工会经费，不超过工资薪金总额的2％的部分准予扣除；职工教育经费不超过工资薪金总额8％的部分准予扣除，超过部分准予结转以后纳税年度扣除。纳入管理费用的非公有制企业党组织工作经费，实际支出不超过职工年度工资薪金总额1％的部分，可以据实扣除
3. 社会保险费	企业按规定为职工缴纳的"五险一金"准予扣除；企业按规定为投资者或者职工支付的补充养老保险费、补充医疗保险费准予扣除；企业按规定为特殊工种职工支付的人身安全保险费可以扣除。企业参加雇主责任险、公众责任险等责任保险，按照规定缴纳的保险费，准予在企业所得税税前扣除。但企业为投资者或者职工支付的商业保险费，不得扣除

扣除项目	扣除标准
4. 利息费用	①非金融企业向金融企业借款的利息支出、金融企业的各项存款利息支出和同业拆借利息支出、企业经批准发行债券的利息支出可据实扣除。②非金融企业向非金融企业借款的利息支出,不超过按照金融企业同期同类贷款利率计算的数额的部分可据实扣除,超过部分不许扣除
5. 借款费用	①企业在生产经营活动中发生的合理的不需要资本化的借款费用,准予扣除。②企业为购置、建造固定资产、无形资产和经过 12 个月以上的建造才能达到预定可销售状态的存货发生借款的,在有关资产购置建造期间发生的合理的借款费用,应予以资本化,作为资本性支出计入有关资产的成本;有关资产交付使用后发生的借款利息,可在发生当期扣除
6. 汇兑损失	企业在货币交易中,以及纳税年度终了时人民币以外的货币性资产、负债按照期末人民币汇率中间价折算为人民币时产生的汇兑损失准予扣除
7. 业务招待费	企业发生的与生产经营活动有关的业务招待费支出,按照发生额的 60% 扣除,但最高不得超过当年销售收入的 0.5%,即当期业务招待费的 60% 和当年销售收入的 0.5%,两者取其低者,且超标部分不得向以后年度结转
8. 广告费和业务宣传费	除国务院财政、税务主管机关另有规定外,不超过当年销售收入 15% 的部分,准予扣除;超过部分,准予结转以后纳税年度扣除
9. 环境保护专项资金	企业依照法律法规提取的环境保护、生态恢复等专项资金准予扣除;计提后改变用途的,不得扣除
10. 保险费	企业参加财产保险,按照规定缴纳的保险费,准予扣除
11. 租赁费	①以经营租赁方式租入固定资产发生的租赁费支出,按照租赁期限均匀扣除。②以融资租赁方式租入固定资产发生的租赁费支出,按照规定构成融资租入固定资产价值的部分应当提取折旧费,分期扣除
12. 劳动保护费	企业发生的合理的劳动保护支出,准予扣除。由企业统一制作并要求员工工作时统一着装所发生的工作服饰费用,可以作为企业合理支出给予税前扣除
13. 公益性捐赠支出	企业发生的公益性捐赠支出,不超过年度利润总额 12% 以内的部分,准予扣除;超过年度利润总额 12% 的部分,准予结转以后三年内扣除,并先扣除以前年度结转的捐赠支出,再扣除当年发生的捐赠支出。年度利润总额,是指企业按照国家统一会计制度的规定计算的年度会计利润。公益性捐赠,是指企业通过公益性社会团体或者县级以上人民政府及其部门,用于《中华人民共和国公益事业捐赠法》规定的公益事业的捐赠
14. 有关资产的费用	企业转让各类固定资产发生的费用,允许扣除;企业按规定计算的固定资产折旧费、无形资产和递延资产的摊销费,准予扣除
15. 总机构分摊费用	非居民企业在中国境内设立的机构、场所,就其中国境外总机构发生的与该机构、场所生产经营有关的费用,能够提供总机构出具的费用汇集范围、定额、分配依据和方法等证明文件,并合理分摊的,准予扣除

扣除项目	扣除标准
16. 资产损失	企业当期发生的固定资产和流动资产盘亏、毁损，由其提供清查盘存资料经主管税务机关审核后，准予扣除；企业因盘亏、毁损、报废等原因不得从销项税额中抵扣的进项税额，应视同企业财产损失，准予与存货损失一起在所得税前按规定扣除
17. 其他项目	依照有关法律、行政法规和国家有关税法规定准予扣除的其他项目。如：会员费、合理的会议费、差旅费、违约金、诉讼费用等
18. 手续费及佣金支出	企业发生的与生产经营有关的手续费及佣金支出，不超过规定计算限额以内的部分，准予扣除；超过部分，不得扣除

除了以上扣除项目及其扣除标准外，《企业所得税法》还规定了下列不得扣除的项目：

① 向投资者支出的股息、红利等权益性投资收益款项。

② 企业所得税税款。

③ 税收滞纳金，是指纳税人违反税收法规，被税务机关处罚的滞纳金。

④ 罚金、罚款和被没收财物的损失，是指纳税人违反国家有关法律、法规规定，被有关部门处以的罚款，以及被司法机关处以的罚金和被没收的财物。

⑤ 超过规定标准的捐赠支出（公益性捐赠超过规定标准的部分准予结转以后三年内扣除）。

⑥ 赞助支出，是指企业发生的与生产经营活动无关的各种非广告性质支出。

⑦ 未经核定的准备金支出，是指不符合国务院财政、税务主管部门规定的各项资产减值准备、风险准备等准备金支出。

⑧ 企业之间支付的管理费、企业内部营业机构之间支付的租金和特许权使用费，以及非银行企业内营业机构之间支付的利息，不得扣除。

⑨ 与取得收入无关的其他支出。

四、允许弥补的以前年度亏损

亏损是指企业依照企业所得税法及其暂行条例的规定，将每一纳税年度的收入总额减除不征税收入、免税收入和各项扣除后小于零的数额。税法规定，企业纳税年度发生的亏损，准予向以后年度结转，用以后年度的所得弥补，但结转年限最长不得超过五年。

自2018年1月1日起，当年具备高新技术企业或科技型中小企业资格的企业，其具备资格年度之前5个年度发生的尚未弥补完的亏损，准予结转以后年度弥补，最长结转年限由5年延长至10年。

 小思考4-3

某公司为高新技术企业，2018年9月取得高新技术企业证书，2018年至2021年具备资格。亏损情况如下：

小思考 4-3

年度	年度所得(或亏损)	原可弥补年度	现可弥补年度
2013	−300 万		
2014	−200 万		
2015	−100 万		
2016	0		
2017	200 万		
2018	50 万		
2019	100 万		

请写出 2013 年、2014 年、2015 年的亏损原可弥补年度和现可弥补年度。

五、应纳税所得额的确定

应纳税所得额的计算一般有两种方法。

（一）直接计算法

在直接计算法下,企业每一纳税年度的收入总额减除不征税收入、免税收入、各项扣除以及允许弥补的以前年度亏损后的余额为应纳税所得额。计算公式与前面相同,即:

$$应纳税所得额＝收入总额－不征税收入－免税收入－各项扣除－$$
$$允许弥补的以前年度亏损$$

（二）间接计算法

在间接计算法下,是在会计利润的基础上加上或减去按照税法规定调整的项目金额后,即为应纳税所得额。计算公式为:

$$应纳税所得额 ＝ 会计利润总额 ± 纳税调整项目金额$$

纳税调整项目金额主要有以下两个方面:一是企业的财务会计处理与税收规定不一致的应予以调整的金额,二是企业按税法规定准予扣除的税收金额。

六、企业所得税应纳税额的计算

企业所得税应纳税额的计算公式是:

$$应纳企业所得税额 ＝ 应纳税所得额 × 企业所得税税率$$

例 4-1 某企业 2019 年度全年取得产品销售收入 3 000 万元;提供劳务收入 500 万元,转让财产收入 200 万元,固定资产租金收入 300 万元;逾期未退包装物押金收入 50 万元。计算该企业 2019 年度收入总额。

计算分析如下：

收入总额＝3 000＋500＋200＋300＋50＝4 050（万元）。

例 4-2 某公司 2019 年度实发工资总额为 1 200 万元。职工福利费支出 175 万元；拨缴工会经费 20 万元；职工教育经费支出 55 万元。计算该公司 2018 年度准予扣除的职工福利费、工会经费、职工教育经费分别为多少。

计算分析如下：

1）职工福利费

职工福利费扣除标准＝1 200×14％＝168（万元）。

实际支出的职工福利费 175 万元，准予扣除的职工福利费 168 万元。

2）工会经费

工会经费扣除标准＝1 200×2％＝24（万元）。

实际拨缴的工会经费 20 万元，实际拨缴的工会经费 20 万元可以据实扣除。

3）职工教育经费

职工教育经费扣除标准＝1 200×8％＝96（万元）。

实际支出的职工教育经费 55 万元，准予扣除的职工教育经费 96 万元。

实际发生的职工教育经费未超过扣除标准，55 万元可以据实扣除。

例 4-3 某企业 2019 年度会计利润为 100 万元，该企业通过社会团体捐给地震灾区的钱物共计 10 万元，计算该企业 2019 年度准予扣除的公益性捐赠金额是多少？假定不考虑其他因素，该企业的应纳税所得额是多少？如果捐赠的钱物共计 15 万元，该企业的应纳税所得额又是多少？

计算分析如下：

1）该企业 2019 年度准予扣除的公益性捐赠等于会计利润的 12％，即 100×12％＝12（万元）。

2）捐赠 10 万元，没有超过准予扣除的限额 12 万元，无需调整应纳税所得额，该企业 2019 年度的应纳税所得额等于 100 万元。

3）捐赠 15 万元，超过准予扣除的限额 12 万元，超过部分 3 万元（15 万元－12 万元）需要进行纳税调整并可结转以后三年内扣除，该企业 2019 年度的应纳税所得额等于 103 万元。

 小练习 4-2

某企业 2018 年会计利润 1 000 万元，公益性捐赠支出 130 万元，2019 年会计利润 1 000 万元，公益性捐赠支出 100 万元。

试计算：

1）2018 年准予扣除的公益性捐赠是多少？如何进行纳税调整？

2）2019 年准予扣除的公益性捐赠是多少？如何进行纳税调整？

例 4-4 某企业 2019 年度向非金融机构借款 500 万元，作为日常生产经营活动周转资金，全年共支付利息费用 45 万元，当年金融机构同类贷款利率为 6％。该企业 2019 年度准予扣除的利息费用为多少？在计算应纳税所得额时应如何调整？

计算分析如下：

1）准予扣除的利息费用限额为 30 万元(500 万元×6％)。

全年实际支付利息 45 万元，不超过按照金融企业同期同类贷款利率计算的 30 万元可以扣除，超过部分 15 万元(45 万元－30 万元)不许扣除。

2）在计算应纳税所得额时，应调整增加 15 万元。

例 4-5 某企业 2019 年度全年取得产品销售收入 4 800 万元，当年实际发生业务招待费 32 万元。该企业 2019 年度准予扣除的业务招待费是多少？在计算应纳税所得额时应如何调整？

计算分析如下：

1）按产品销售收入的千分之五计算，$4\ 800×5‰＝24$(万元)。

按实际发生数的百分之六十计算，$32×60％＝19.2$(万元)。

2）按孰低原则，准予扣除的业务招待费为 19.2 万元，超过标准 12.8 万元(32 万元－19.2 万元)，在计算应纳税所得额时，应调整增加 12.8 万元。

例 4-6 某企业 2019 年度全年取得产品销售收入 7 500 万元，当年实际发生的广告费和业务宣传费支出 1 150 万元。该企业 2019 年度准予扣除的广告费和业务宣传费限额是多少？实际发生额超过限额的部分应如何处理？

计算分析如下：

1）准予扣除的广告费和业务宣传费限额＝$7\ 500×15％＝1\ 125$(万元)。

2）实际发生额超过限额 25 万元(1 150 万元－1 125 万元)，应调整增加本年度应纳税所得额 25 万元，并准予结转以后纳税年度扣除。

小练习 4-3

某企业 2018 年销售收入为 1 500 万元，广告费实际发生额为 240 万元；2019 年企业销售收入为 1 800 万元，广告费实际发生额为 250 万元。

试计算：

1）2018 年税前允许扣除广告费限额是多少？与实际发生额的差异如何处理？

2）2019 年税前允许扣除广告费限额是多少？

例 4-7 某企业 2012 年至 2019 年历年盈亏情况如图表 4-8 所示：

图表 4-8

单位：万元

年度	2012	2013	2014	2015	2016	2017	2018	2019
应纳税所得额	－70	－50	－50	30	20	50	80	70

试问该企业哪一年开始有盈利？盈利为多少万元？

计算分析如下：

1）2012 年亏损 70 万元可以用 2015 年至 2017 年的盈利弥补(30＋20＋20)，2017 年尚有 30 万元盈利可用于弥补以前年度亏损。

2）2013 年亏损 50 万元可以用 2017 年至 2018 年的盈利弥补（30＋20），2018 年尚有 60 万元盈利可用于弥补以前年度亏损。

3）2014 年亏损 50 万元可以用 2018 年至 2019 年的盈利弥补，2018 年尚有 60 万元盈利，弥补亏损后还有 10 万元盈利，2018 年开始有盈利，盈利为 10 万元，应该缴纳企业所得税。

 小练习 4-4

某企业 2013 年和 2014 年分别亏损 180 万元和 50 万元，2015、2016、2017、2018 四年在没有弥补以前年度亏损的情况下，共盈利 160 万元；2019 年盈利 70 万元。试问该企业 2013 年和 2014 年的亏损应由哪些年的盈利来弥补？允许弥补多少亏损？

例 4-8 某居民企业 2019 年实现税前收入总额 2 000 万元（其中包括产品销售收入 1 800 万元、购买国库券利息收入 200 万元），发生各项成本费用共计 1 000 万元，其中包括：合理的工资薪金总额 200 万元、职工福利费 50 万元，工会经费 10 万元，职工教育经费 2 万元，业务招待费 40 万元，税收滞纳金 10 万元，提取的各项准备金支出 100 万元（假定企业以前年度无未弥补亏损）。计算该企业当年应纳的企业所得税额，所得税税率为 25%。

计算分析如下：

会计利润＝2 000－1 000＝1 000（万元）。

职工福利费：

准许扣除的职工福利费＝200×14%＝28（万元）。

调整增加应纳税所得额＝50－28＝22（万元）。

工会经费：

准许扣除的工会经费＝200×2%＝4（万元）。

调整增加应纳税所得额＝10－4＝6（万元）。

职工教育经费：

准许扣除的职工教育经费＝200×8%＝16（万元）。

无需调整应纳税所得额。

业务招待费：

按实际发生数的百分之六十计算＝40×60%＝24（万元），按产品销售收入的千分之五计算＝1 800×5‰＝9（万元），两者取其低，所以，准许扣除的业务招待费为 9 万元。

调整增加应纳税所得额＝40－9＝31（万元）。

税收滞纳金 10 万元不得税前扣除，应调整增加应纳税所得额。

提取的各项准备金支出 100 万元不得税前扣除，应调整增加应纳税所得额。

国债利息收入 200 万元是免税收入，应调整减少应纳税所得额。

应纳税所得额＝1 000＋22＋6＋31＋10＋100－200＝969（万元）。

应纳企业所得税额＝969×25%＝242.25（万元）。

例 4-9 某居民企业 2019 年度有关生产经营情况如下：

1）实现产品销售收入 2 500 万元，另取得国债利息收入 50 万元。

2) 发生产品销售成本 1 500 万元,产品销售费用 60 万元,上缴增值税 75 万元、消费税 90 万元、城市维护建设税 11.55 万元、教育费附加 4.95 万元。

3) 1 月 1 日向银行借款 80 万元作为日常生产经营周转所需资金,借款期限为半年,银行年贷款利率为 6%。

4) 4 月 1 日向非金融机构借款 200 万元作为临时生产经营所需资金,借款期限为 3 个月,实际支付利息 5 万元。

5) 发生管理费用 140 万元,其中包括业务招待费 28 万元。

6) 年内发生机器设备购置费 600 万元。

7) 因一次交通意外事故造成原材料损失 10 万元,增值税税率 13%,获得保险公司理赔 6.6 万元。

根据企业所得税法对该企业 2019 年度各项收入和支出作必要的调整,采用直接计算法计算该企业应纳税所得额和应纳所得税额,所得税税率为 25%。

计算分析如下:

1) 国债利息收入 50 万元,免交企业所得税。

2) 上缴增值税 75 万元在计算应纳税所得额时,不能扣除。

3) 向银行借款 80 万元,允许扣除利息费用 2.4 万元(80 万元 $\times$ 6% $\times$ 6÷12)。

4) 向非金融机构借款 200 万元,实际支付利息 5 万元,向非金融企业借款的利息支出,不得超过按照金融企业同期同类贷款利率计算,因此,允许扣除利息费用 3 万元(200 万元 $\times$ 6% $\times$ 3÷12)。

5) 管理费用中业务招待费 28 万元,首先按实际发生的业务招待费乘以 60%,其次不得超过产品销售收入的 5‰,最后遵循孰低原则计算:

$28 \times 60\% = 16.8$(万元)

$2\ 500 \times 5‰ = 12.5$(万元)

按照孰低原则,准予税前扣除的业务招待费 12.5 万元,超过部分 15.5 万元(28 万元 - 12.5 万元)应从管理费用总额中减去,因此允许税前扣除的管理费用为 124.5 万元(140 万元 - 15.5 万元)。

6) 机器设备购置费 600 万元属于资本性支出,不得税前扣除。

7) 交通意外事故造成原材料实际损失为 4.7 万元(10 万元 + 10 万元 $\times$ 13% - 6.6 万元)作为营业外支出允许税前扣除。

应纳税所得额 = 2 500 - 1 500 - 60 - 90 - 11.55 - 4.95 - 2.4 - 3 - 124.5 - 4.7 = 698.9(万元)。

应纳所得税额 = 698.9 $\times$ 25% = 174.725(万元)。

例 4-10 某企业 2019 年度会计利润总额为 250 万元,全年销售收入为 3 000 万元,"管理费用"中列支的业务招待费 30 万元,"销售费用"中列支的广告费和业务宣传费 500 万元,"营业外支出"中列支的税收罚款 2 万元,公益性捐赠支出 35 万元,"投资收益"中有国债利息收入 8 万元,假设该企业所得税税率为 25%,试采用间接计算法计算该企业 2019 年应纳税所得额和应纳所得税额。

计算分析如下:

1) "管理费用"中列支的业务招待费:

$30 \times 60\% = 18(万元)$。

$3\,000 \times 5‰ = 15(万元)$。

采取孰低原则,扣除标准为15万元,纳税调整增加额15万元(30万元－15万元)。

2)"销售费用"中列支的广告费和业务宣传费:

扣除标准 $= 3\,000 \times 15\% = 450(万元)$。

纳税调整增加额50万元(500万元－450万元),并可以结转以后纳税年度扣除。

3)"营业外支出"中列支的税收罚款:

纳税调整增加额2万元,被有关部门处以的罚款,不得税前扣除。

4)"营业外支出"中公益性捐赠支出:

扣除标准 $= 250 \times 12\% = 30(万元)$。

纳税调整增加额5万元(35万元－30万元),但可以递延到以后三年,即2020至2022年作税前扣除。

5)"投资收益"中国债利息收入:

纳税调整减少额8万元,国债利息收入属于免税收入。

应纳税所得额 $= 250+15+50+2+5-8 = 314(万元)$。

应纳所得税额 $= 314 \times 25\% = 78.5(万元)$。

小思考 4-4

某企业2019年通过研发形成无形资产,计税基础为200万元,摊销年限为10年。问:2019年可税前摊销的金额是多少?

小思考 4-5

甲企业从业人数250人,资产总额2500万元,2019年第一季度应纳税所得额为330万元,预缴企业所得税;第二季度经营状况恶化,累计应纳税所得额为280万元。问:(1)甲公司第一季度应预缴企业所得税是多少?(2)甲公司第二季度预缴企业所得税时是否可以享受小微企业所得税减免政策?

小归纳 4-2

企业应纳税所得额是根据税收法规计算出来的,它在数额上与依据财务会计制度计算的利润总额往往不一致。国际通行的做法是,纳税人对其收益及其与收益有关的成本、费用、资产、债权债务等事项,必须按税法规定进行税务处理。因此,对企业按照有关财务会计规定计算的利润总额,要按照税法的规定进行必要调整后,才能作为应纳税所得额计算缴纳所得税。

纳税实务

第三节　企业所得税的会计核算

一、企业所得税核算的账户设置

企业所得税的核算主要通过设置"所得税费用"和"应交税费——应交所得税"两个账户进行。

"所得税费用"账户用来核算企业按规定从当期损益中扣除的所得税费用,该账户的借方登记企业按应纳税所得额计算的本期所得税费用;贷方登记企业期末转入"本年利润"账户的所得税费用。期末结转后应无余额。

"应交税费——应交所得税"账户用来核算企业应交未交的所得税税款,该账户的贷方登记应交的所得税额;借方登记预交或补交的所得税额。期末余额在贷方,表示企业尚未缴纳的所得税额;期末余额在借方,表示企业多缴纳的所得税额。

二、企业所得税核算的账务处理

例4-11 某企业为居民企业,符合小型微利企业条件(即资产总额不超过5 000万元,从业人数不超过300人,应纳税所得额不超过300万元),2019年发生经营业务如下:

1) 取得产品销售收入6 000万元。

2) 发生产品销售成本3 900万元。

3) 发生销售费用1 155万元(其中广告费975万元),管理费用720万元(其中业务招待费37.5万元),财务费用90万元。

4) 销售税金240万元(含增值税180万元)。

5) 营业外收入120万元,营业外支出75万元(含通过公益性社会团体向贫困山区捐款45万元,支付税收滞纳金9万元)。

6) 产品销售成本中的实发工资总额300万元、拨缴职工工会经费7.5万元,发生职工福利费46.5万元,发生职工教育经费27万元。

计算该企业2019年度会计利润总额、应纳税所得额、应纳所得税额并作相应的会计分录。

计算分析如下:

会计利润总额 = 6 000 - 3 900 - 1 155 - 720 - 90 - 60 + 120 - 75 = 120(万元)。

广告费:

6 000 × 15% = 900(万元);调增应纳税所得额 = 975 - 900 = 75(万元)。

业务招待费:

37.5 × 60% = 22.5(万元),6 000 × 5‰ = 30(万元);调增应纳税所得额 = 37.5 - 22.5 = 15(万元)。

公益性捐赠:

120 × 12% = 14.4(万元);调增应纳税所得额 = 45 - 14.4 = 30.6(万元),但可以递延到以后三年作税前扣除。

税收滞纳金:

调增应纳税所得额＝9(万元)。

工会经费:

$300 \times 2\% = 6$(万元);调增应纳税所得额＝$7.5 - 6 = 1.5$(万元)。

职工福利费:

$300 \times 14\% = 42$(万元);调增应纳税所得额＝$46.5 - 42 = 4.5$(万元)。

职工教育经费:

$300 \times 8\% = 24$(万元);调增应纳税所得额＝$27 - 24 = 3$(万元)。

应纳税所得额＝$120 + 75 + 15 + 30.6 + 9 + 1.5 + 4.5 + 3 = 258.6$(万元)。

应纳所得税额＝$(100 \times 25\% + 158.6 \times 50\%) \times 20\% = 20.86$(万元)。

或:$100 \times 5\% + 158.6 \times 10\% = 28.86$(万元)

借:所得税费用	208 600	
贷:应交税费——应交所得税		208 600
借:本年利润	208 600	
贷:所得税费用		208 600
借:应交税费——应交所得税	208 600	
贷:银行存款		646 500

例 4-12　某企业所得税实行按年计算、分季预缴、年终汇算清缴、多退少补的征纳方法。第一季度应纳税所得额为 720 000 元,第二季度累计应纳税所得额为 1 680 000 元,第三季度累计应纳税所得额为 2 700 000 元。经审核全年应纳税所得额为 3 500 000 元,假定企业所得税税率为 25%。

计算第一、第二、第三季度预缴所得税额以及年终汇算清缴时全年应纳所得税额,并作相应的会计分录。

计算分析如下:

1) 第一季度预缴所得税额＝$720 000 \times 25\% = 180 000$(元)。

第一季度终了后 15 日内预缴企业所得税,编制预缴企业所得税的会计分录如下:

借:应交税费——应交所得税	180 000	
贷:银行存款		180 000

2) 第二季度预缴所得税额＝$1 680 000 \times 25\% - 180 000 = 240 000$(元)。

第二季度终了后 15 日内预缴企业所得税,编制预缴企业所得税的会计分录如下:

借:应交税费——应交所得税	240 000	
贷:银行存款		240 000

3) 第三季度预缴所得税额＝$2 700 000 \times 25\% - 180 000 - 240 000 = 255 000$(元)。

第三季度终了后 15 日内预缴企业所得税,编制预缴企业所得税的会计分录如下:

借:应交税费——应交所得税	255 000	
贷:银行存款		255 000

4) 年终清算,经审核全年应纳税所得额为 3 500 000 元,全年应纳所得税额＝$3 500 000 \times 25\% = 875 000$(元)。

编制应缴企业所得税的会计分录如下:

借:所得税费用	875 000	

贷：应交税费——应交所得税 875 000

第四季度终了后 15 日内应缴所得税额为：

875 000 − 180 000 − 240 000 − 255 000 = 200 000（元）。

编制会计分录如下：

借：应交税费——应交所得税 200 000

贷：银行存款 200 000

第五章　个人所得税

【学习目标】

通过本章学习,明确我国个人所得税的纳税人、征税对象和征税范围、税率、税收减免;理解个人所得税应纳税所得额和应纳税额的计算方法;熟悉个人所得税核算的账务处理。

本章导入

我就我的收入纳税,这是我生命中最重要的事,让我感到无上光荣。

——马克·吐温

第一节　个人所得税概述

一、个人所得税的概念

个人所得税是国家对本国公民、居住在本国境内的个人的所得和境外个人来源于中国境内的所得征收的一种所得税。

二、个人所得税的纳税义务人

个人所得税的纳税义务人,既包括居民纳税义务人,也包括非居民纳税义务人,居民纳税义务人与非居民纳税义务人的确认标准和所应承担的纳税义务是不同的,具体的划分标准及纳税义务如图表5-1所示。

图表5-1　　　　　　　　居民个人与非居民个人的划分标准及纳税义务

分类	确认标准	纳税义务
居民个人	在中国境内有住所的个人	从中国境内和境外取得的所得,缴纳个人所得税
	在中国境内无住所而一个纳税年度内在中国境内居住累计满183天的个人	
非居民个人	在中国境内无住所又不居住的个人	从中国境内取得的所得,缴纳个人所得税
	在中国境内无住所而一个纳税年度内在中国境内居住累计不满183天的个人	

李先生为香港居民,在深圳工作,每周一一早上来深圳上班,周五晚上回香港。周一和周五当天停留都不足 24 小时,因此不计入境内居住天数,再加上周六、周日 2 天也不计入,这样每周可计入的天数仅为 3 天,按全年 52 周计算,李先生全年在境内居住天数为 156 天,未超过 183 天,不构成居民个人,李先生取得的全部境外所得,就可免缴个人所得税。

三、个人所得税的征税对象和征收范围

个人所得税法规定的各项个人所得的范围,如图表 5-2 所示。

图表 5-2　　　　　　　　　　个人所得税征收范围

序号	所得项目	征收范围
1	工资、薪金所得	个人因任职或者受雇取得的工资、薪金、奖金、年终加薪、劳动分红、津贴、补贴以及与任职或者受雇有关的其他所得
2	劳务报酬所得	个人从事劳务取得的所得,包括从事设计、装潢、安装、制图、化验、测试、医疗、法律、会计、咨询、讲学、翻译、审稿、书画、雕刻、影视、录音、录像、演出、表演、广告、展览、技术服务、介绍服务、经纪服务、代办服务以及其他劳务取得的所得
3	稿酬所得	个人因其作品以图书、报刊等形式出版、发表而取得的所得
4	特许权使用费所得	个人提供专利权、商标权、著作权、非专利技术以及其他特许权的使用权取得的所得;提供著作权的使用权取得的所得,不包括稿酬所得
5	经营所得	(1) 个体工商户从事生产、经营活动取得的所得,个人独资企业投资人、合伙企业的个人合伙人来源于境内注册的个人独资企业、合伙企业生产、经营的所得; (2) 个人依法从事办学、医疗、咨询以及其他有偿服务活动取得的所得; (3) 个人对企业、事业单位承包经营、承租经营以及转包、转租取得的所得; (4) 个人从事其他生产、经营活动取得的所得
6	利息、股息、红利所得	个人拥有债权、股权等而取得的利息、股息、红利所得
7	财产租赁所得	个人出租不动产、机器设备、车船以及其他财产取得的所得
8	财产转让所得	个人转让有价证券、股权、合伙企业中的财产份额、不动产、机器设备、车船以及其他财产取得的所得
9	偶然所得	个人得奖、中奖、中彩以及其他偶然性质的所得。个人取得的所得,难以界定应纳税所得项目的,由国务院税务主管部门确定

居民个人取得第一项至第四项所得(即综合所得),按纳税年度合并计算个人所得税;非居民个人取得第一项至第四项所得,按月或者按次分项计算个人所得税。纳税人取得第五项至第九项所得,依照个人所得税法规定分别计算个人所得税。

四、个人所得税的征收方式

个人所得税的征收方式,如图表 5-3 所示。

图表 5-3 个人所得税征收方式

序号	征收范围	税款征收方式		
		有住所个人 (居民)	无住所个人 (非居民)	居民(包括有住所和无住所个人)
1	工资、薪金所得	预扣预缴 按月累计预扣,扣缴义务人代缴	代扣代缴 按月代扣,扣缴义务人代缴	汇算清缴 居民个人合并四项所得,按年计算应纳税额,次年3月1日至6月30日办理汇算清缴
2	劳务报酬所得	按次(月)预扣,扣缴义务人代缴	按次(月)代扣,扣缴义务人代缴	
3	稿酬所得	按次预扣,扣缴义务人代缴	按次代扣,扣缴义务人代缴	
4	特许权使用费所得	按次预扣,扣缴义务人代缴	按次代扣,扣缴义务人代缴	
5	经营所得	按年计算,按月(季)预缴,次年3月31日前汇算清缴		
6	利息、股息、红利所得	按次计算,扣缴义务人代扣代缴		
7	财产租赁所得	按月计算,扣缴义务人代扣代缴		
8	财产转让所得	按次计算,扣缴义务人代扣代缴		
9	偶然所得	按次计算,扣缴义务人代扣代缴		

五、个人所得税适用税率和预扣税率

(一) 个人所得税税率表一

居民个人(有住所)工资薪金所得扣缴义务人预扣预缴、居民个人综合所得汇算清缴适用 3%—45%的七级超额累进税率,超额累进税率如图表 5-4 所示。

个人所得税税率表一
(综合所得适用)

级数	全年应纳税所得额	税率(%)	速算扣除数
1	不超过 36 000 元的	3	0
2	超过 36 000 元至 144 000 元的部分	10	2 520
3	超过 144 000 元至 300 000 元的部分	20	16 920
4	超过 300 000 元至 420 000 元的部分	25	31 920
5	超过 420 000 元至 660 000 元的部分	30	52 920
6	超过 660 000 元至 960 000 元的部分	35	85 920
7	超过 960 000 元的部分	45	181 920

注1:本表所称全年应纳税所得额是指依照个人所得税法第六条的规定,居民个人取得综合所得以每一纳税年度收入额减除费用六万元以及专项扣除、专项附加扣除和依法确定的其他扣除后的余额。

注2:非居民个人取得工资、薪金所得,劳务报酬所得,稿酬所得和特许权使用费所得,依照本表按月换算后计算应纳税额。

(二) 个人所得税税率表二

经营所得预扣预缴和汇算清缴适用 5%—35% 的五级超额累进税率,超额累进税率如图表 5-5 所示。

图表 5-5

个人所得税税率表二
(经营所得适用)

级数	全年应纳税所得额	税率(%)	速算扣除数
1	不超过 30 000 元的	5	0
2	超过 30 000 元至 90 000 元的部分	10	1 500
3	超过 90 000 元至 300 000 元的部分	20	10 500
4	超过 300 000 元至 500 000 元的部分	30	40 500
5	超过 500 000 元的部分	35	65 500

注:本表所称全年应纳税所得额是指依照个人所得税法规定,以每一纳税年度的收入总额减除成本、费用以及损失后的余额。

(三) 个人所得税税率表三

非居民个人工资薪金所得、劳务报酬所得、稿酬所得、特许权使用费所得适用 3%—45% 的七级超额累进税率(即按月换算后的个人所得税税率表)如图表 5-6 所示。

个人所得税税率表三

（非居民个人工资薪金所得、劳务报酬所得、稿酬所得、特许权使用费所得适用）

级数	全月应纳税所得额	税率（%）	速算扣除数
1	不超过 3 000 元	3	0
2	超过 3 000 元至 12 000 元的部分	10	210
3	超过 12 000 元至 25 000 元的部分	20	1 410
4	超过 25 000 元至 35 000 元的部分	25	2 660
5	超过 35 000 元至 55 000 元的部分	30	4 410
6	超过 55 000 元至 80 000 元的部分	35	7 160
7	超过 80 000 元的部分	45	15160

注：在 2021 年 12 月 31 日前，全年一次性奖金收入不并入当年综合所得，以全年一次性奖金收入除以 12 个月得到的数额，按照个人所得税税率表确定适用税率和速算扣除数，单独计算纳税。

（四）个人所得税税率表四

居民个人（有住所）劳务报酬所得预扣预缴适用 20%—40% 三级超额累进税率如图表5-7所示。

图表 5-7

个人所得税税率表四

[居民个人（有住所）（劳务报酬所得预扣预缴适用）]

级数	预扣预缴应纳税所得额	预扣率（%）	速算扣除数
1	不超过 20 000	20	0
2	超过 20 000 元至 50 000 元的部分	30	2 000
3	超过 50 000 元的部分	40	7 000

稿酬所得、特许权使用费所得预扣率为 20%。

（五）利息、股息、红利所得，财产租赁所得，财产转让所得和偶然所得税率

利息、股息、红利所得，财产租赁所得，财产转让所得和偶然所得，适用比例税率，税率为 20%。

六、个人所得税减免

（一）免征个人所得税

符合下列情况的，免征个人所得税：

（1）省级人民政府、国务院部委和中国人民解放军军以上单位，以及预扣预缴外国组织、国际组织颁发的科学、教育、技术、文化、卫生、体育、环境保护等方面的奖金；

（2）国债和国家发行的金融债券利息；

（3）按照国家统一规定发给的补贴、津贴；

（4）福利费、抚恤金、救济金；

（5）保险赔款；

（6）军人的转业费、复员费、退役金；

（7）按照国家统一规定发给干部、职工的安家费、退职费、基本养老金或者退休费、离休费、离休生活补助费；

（8）依照有关法律规定应予免税的各国驻华使馆、领事馆的外交代表、领事官员和其他人员的所得；

（9）中国政府参加的国际公约、签订的协议中规定免税的所得；

（10）国务院规定的其他免税所得。

国务院规定的其他免税规定，由国务院报全国人民代表大会常务委员会备案。

（二）减征个人所得税

符合下列情况的，减征个人所得税：

（1）残疾、孤老人员和烈属的所得；

（2）因自然灾害遭受重大损失的。

国务院可以规定其他减税情形，报全国人民代表大会常务委员会备案。

第二节　个人所得税应纳税额的计算

一、居民个人应纳税所得额和应纳税额的计算

居民个人取得综合所得，按年计算个人所得税；有扣缴义务人的，由扣缴义务人按月或者按次预扣预缴税款；需要办理汇算清缴的，应当在取得所得的次年3月1日至6月30日内办理汇算清缴。居民个人向扣缴义务人提供专项附加扣除信息的，扣缴义务人按月预扣预缴税款时应当按照规定予以扣除。

（一）居民个人应纳税所得额的计算

居民个人的综合所得，以每一纳税年度的收入额减除费用6万元以及专项扣除、专项附加扣除和依法确定的其他扣除后的余额，为应纳税所得额。

用公式表示为：

全年应纳税所得额 ＝ 年收入额 － 60 000 － 专项扣除 － 专项附加扣除 － 其他扣除

上述公式中：

（1）"年收入额"包括工资薪金所得全额、劳务报酬所得、特许权使用费所得、稿酬所得。

劳务报酬所得、稿酬所得、特许权使用费所得以收入减除百分之二十的费用后的余额为收入额,即只对 80% 的部分征税,适用比例税率,税率为 20%,稿酬所得再减按 70% 计算。即:

$$每一纳税年度的收入额 = 工资、薪金所得 + 劳务报酬所得 \times 80\%$$
$$+ 稿酬所得 \times 56\% + 特许权使用费所得 \times 80\%$$

☞ **小思考 5-1**

假定某居民个人全年工资所得 20 万元,劳务报酬所得 2 万元,稿酬所得 3 万元。请问该居民个人年度收入额为多少?

（2）"60000 元"是年基本减除费用,按月折算为每月 5000 元。

（3）"专项扣除"即三险一金,是居民个人按照国家规定的范围和标准缴纳的基本养老保险、基本医疗保险、失业保险等社会保险费和住房公积金等(各地缴纳比例不完全相同,一般情况下养老保险缴费比例 8%,医疗保险缴费比例 2%,失业保险缴费比例 0.5%,公积金缴费比例 7%,合计 17.5%)。

（4）"专项附加扣除"包括子女教育、继续教育、大病医疗、住房贷款利息或者住房租金、赡养老人等 6 项专项附加扣除。

具体扣除标准为:

① 子女教育。纳税人子女在全日制学历教育阶段(包括义务教育、高中阶段教育、高等教育)的支出,以及子女年满 3 岁至小学入学前处于学前教育阶段的支出,纳税人可选择由夫妻一方按每孩每月 1000 元扣除,也可选择夫妻双方分别按每孩每月 500 元扣除。

② 继续教育。纳税人在中国境内接受继续教育发生的支出,其中属于学历(学位)继续教育的支出,按每月 400 元扣除,扣除期限不能超过 48 个月(4 年);属于技能人员职业资格继续教育和专业技术人员职业资格继续教育的支出,在取得相关证书的当年扣除 3600 元。

③ 大病医疗。一个纳税年度内,由纳税人负担的医药费用支出超过 1.5 万元的部分,在每年 8 万元的限额内据实扣除。可扣除的医药费用支出包括纳税人本人或其配偶、未成年子女发生的医药费用支出。

④ 住房贷款利息。纳税人本人或其配偶购买中国境内住房发生的首套住房贷款利息支出,可以选择由夫妻一方按每月 1 000 元扣除,扣除期限最长不超过 240 个月(20 年)。

⑤ 住房租金。纳税人在主要工作城市没有自有住房而发生的住房租金支出,在直辖市、省会(首府)城市、计划单列市及国务院确定的其他城市的,按每月 1 500 元扣除;除上述城市外,市辖区户籍人口超过 100 万的城市,按每月 1 100 元扣除;市辖区户籍人口不超过 100 万的城市,按每月 800 元扣除。夫妻双方主要工作城市相同的,只能由一方扣除。

⑥ 赡养老人。纳税人赡养年满 60 岁父母的支出,或者祖父母、外祖父母的子女已经去世,纳税人赡养年满 60 岁的祖父母或外祖父母的支出可以扣除。纳税人属于独生子女的,按每月 2 000 元扣除;属于非独生子女的,与其兄弟姐妹分摊每月 2 000 元的扣除额度,其中每人分摊的扣除额度不得超过 1 000 元。

小知识 5-2

专项附加扣除暂行办法汇总如图表 5-8 所示。

图表 5-8

（5）"其他扣除"包括个人缴付符合国家规定的企业年金、职业年金，个人购买符合国家规定的商业健康保险、税收递延型商业养老保险的支出，以及国务院规定可以扣除的其他项目。

关于其他扣除中的商业健康保险、税收递延型商业养老保险等详细办法见小知识5-3。

（二）居民个人预扣预缴个人所得税计算方法

居民个人取得综合所得，按年计算个人所得税；有扣缴义务人的，由扣缴义务人按月或者按次预扣预缴税款。扣缴义务人向居民个人支付工资、薪金所得，劳务报酬所得，稿酬所得，特许权使用费所得时，按以下方法预扣预缴个人所得税，并向主管税务机关报送"个人所得税扣缴申报表"。年度预扣预缴税额与年度应纳税额不一致的，由居民个人于次年3月1日至6月30日向主管税务机关办理综合所得年度汇算清缴，税款多退少补。

1. 工资薪金所得税款计算方法

扣缴义务人向居民个人支付工资、薪金所得时，应当按照累计预扣法计算预扣税款，并按月办理全员全额扣缴申报。具体计算公式如下：

本期应预扣预缴税额 ＝（累计预扣预缴应纳税所得额 × 预扣率 － 速算扣除数）－
累计减免税额 － 累计已预扣预缴税额

累计预扣预缴应纳税所得额 ＝ 累计收入 － 累计免税收入 － 累计减除费用 －
累计专项扣除 － 累计专项附加扣除 － 累计依法确定的其他扣除

其中：累计减除费用，按照5 000元/月乘以纳税人当年截至本月在本单位的任职受雇月份数计算。

上述公式中,计算居民个人工资、薪金所得预扣预缴税额的预扣率、速算扣除数,按前述图表 5-4 所示的分级执行。

例 5-1 张某 2019 年每月税前工资均为 16 000 元,其中"三险一金"总额为 2 880 元;张某有两个正在读小学和幼儿园的孩子,并和其一位哥哥共同赡养 60 岁以上的父母,按照税法规定,他每月可享受 2 000 元的子女教育专项附加扣除和 1 000 元的赡养老人专项附加扣除;另外张某买过一份健康保险,保单金额为 2 640 元;张某无减免税额。

要求:试计算其 1—3 月份的预扣税额。

计算分析如下:

张某的预扣个税额 2019 年 1 月为(16 000−5 000−2 880−3 000−200)×3%=147.6(元);

2019 年 2 月为(16 000×2−5 000×2−2 880×2−3 000×2−200×2)×3%−147.6=147.6(元);

2019 年 3 月为(16 000×3−5 000×3−2 880×3−3 000×3−200×3)×3%−295.2=147.6(元)。

上述计算结果表明:

1 月份累计预扣预缴应纳税所得额是 4 920 元,预扣率为 3%,速算扣除数为 0;

2 月份累计预扣预缴应纳税所得额是 9 840 元,预扣率为 3%,速算扣除数为 0;

3 月份累计预扣预缴应纳税所得额是 14 760 元,预扣率为 3%,速算扣除数为 0。

例 5-2 李某 2019 年每月应发工资均为 32 000 元,每月减除费用 5000 元,"三险一金"等专项扣除为 5 760 元,享受子女教育、赡养老人两项专项附加扣除共计 2000 元,没有减免收入及减免税额等情况。

要求:试计算李某 1—3 月份的预扣税额。

计算分析如下:

1 月份:(32 000 − 5 000−5 760−2 000)×3% = 577.2(元);

2 月份:(32 000×2−5 000×2−5 760×2−2 000×2)×10% − 2 520 −577.2=750.8(元);

3 月份:(32 000×3−5 000×3−5 760×3−2 000×3)×10% − 2 520 −577.2−750.8=1 924(元)。

上述计算结果表明:

1 月份累计预扣预缴应纳税所得额为 19 240 元,预扣率为 3%,速算扣除数为 0;

2 月份累计预扣预缴应纳税所得额为 38 480 元,预扣率为 10%,速算扣除数为 2 520;

3 月份累计预扣预缴应纳税所得额为 57 720 元,预扣率为 10%,速算扣除数为 2 520。

因此,2 月份和 3 月份应预扣预缴有所增高。

2. 劳务报酬所得、稿酬所得、特许权使用费所得税款计算方法

扣缴义务人向居民个人支付劳务报酬所得、稿酬所得、特许权使用费所得,按次或者按月预扣预缴个人所得税。具体预扣预缴方法如下:

(1)劳务报酬所得。劳务报酬所得以收入减除百分之二十的费用后的余额为收入额。

① 每次收入不超过 4 000 元的:

$$应纳税额 =(每次收入额 −800)× 20\%$$

② 每次收入在 4 000 元以上的:

$$应纳税额 = ［每次收入额 × （1 － 20\%）］× 20\%$$

③ 每次收入的应纳税所得额超过 20 000 元的:

适用百分之二十至百分之四十的超额累进预扣率(见前述图表 5-7 劳务报酬所得超额累进税率表)。

例 5-3 陈某为一家装修公司设计图纸,取得收入 3800 元。

要求:试计算陈某应预扣预缴个人所得税额。

计算分析如下:

应预扣预缴个人所得税额 = (3 800 － 800) × 20% = 600(元)。

例 5-4 朱某外出讲学,取得收入 7 000 元。

要求:试计算朱某应预扣预缴个人所得税额。

计算分析如下:

应预扣预缴个人所得税额 = 7 000 × (1 － 20%) × 20% = 1 120(元)。

例 5-5 胡某为某科技公司翻译资料,取得收入 50 000 元。

要求:试计算胡某应预扣预缴个人所得税额。

计算分析如下:

应纳税所得额 = 50 000 × (1 － 20%) = 40 000(元)。

查图表 5-7 个人所得税税率表四(居民个人(有住所)劳务报酬所得预扣预缴适用),胡某适用第 2 档,税率 30%,速算扣除数 2 000 元。

应预扣预缴个人所得税额 = 40 000 × 30% － 2 000 = 10 000(元)。

(2) 稿酬所得。稿酬所得以收入减除百分之二十的费用后的余额为收入额,稿酬所得的收入额减按百分之七十计算。

① 每次收入不超过 4 000 元的:

$$应纳税额 = （每次收入额 － 800）× 70\% × 20\%$$

② 每次收入在 4 000 元以上的:

$$应纳税额 = ［每次收入额 × （1 － 20\%）］× 70\% × 20\%$$

例 5-6 赵某 2019 年 1 月份取得稿酬 6 000 元。

要求:试计算其应预扣预缴个人所得税额。

计算分析如下:

应预扣预缴个人所得税额 = 6 000 × (1 － 20%) × 70% × 20% = 672(元)。

 小练习 5-1

作家孙某于 2018 年 3 月取得一次性稿酬收入 3 800 元,试计算其应预扣预缴个人所得税额。

(3) 特许权使用费所得。特许权使用费所得以收入减除百分之二十的费用后的余额为收入额。

① 每次收入不超过 4 000 元的:

$$应纳税额 =(每次收入额 - 800) \times 20\%$$

② 每次收入在 4 000 元以上的:

$$应纳税额 =[每次收入额 \times (1 - 20\%)] \times 20\%$$

例 5-7 周某将自己的设计专利转让给某生产企业,取得收入 15 000 元。

要求:试计算周某特许权使用费所得应预扣预缴个人所得税额。

计算分析如下:

应预扣预缴个人所得税额 =15 000 × (1-20%) × 20% =2 400(元)。

3. 居民个人年终奖个人所得税计算方法

居民个人取得全年一次性奖金,在 2021 年 12 月 31 日前,不并入当年综合所得,以全年一次性奖金收入除以 12 个月得到的数额,按照个人所得税税率表三(非居民个人工资、薪金所得,劳务报酬所得,稿酬所得,特许权使用费所得适用),确定适用税率和速算扣除数,单独计算纳税。计算步骤为:

第一步:确认税率。

$$全年一次性资金 \div 12,查表三确认适用税率。$$

第二步:单独计算应纳税额。

$$应纳税额 = 全年一次性奖金 \times 适用税率 - 速算扣除数。$$

例 5-8 吴某于 2019 年 12 月末取得全年一次性奖金 90 000 元。

要求:试计算吴某年终奖应缴纳个人所得税(假定 12 月份各项扣除均已减除)。

计算分析如下:

第一步:先以全年一次性奖金收入除以 12 个月即 90 000÷12 =7 500(元)。

第二步:按 7 500 元查表(按月换算后的个人所得税税率表,简称月度税率表)属于第二档,税率 10%,速算扣除数 210 元。

第三步:计算全年一次性奖金应缴个人所得税额。

应纳税额 =90 000 × 10% -210 =8 790(元)。

吴某年终奖应纳个人所得税 8 790 元。

居民个人取得全年一次性奖金,也可以选择并入当年综合所得计算纳税。自 2022 年 1

月1日起,居民个人取得全年一次性奖金,应并入当年综合所得计算缴纳个人所得税。

例5-9 2019年1月陈某当月工资18 000元,2018年度年终奖30 000元。个人承担的"三险一金"2 500元,专项附加扣除:子女教育1 000元,赡养老人2 000元。

要求:试计算陈某1月份工资、奖金预扣预缴税额和应纳税额。

1月份工资:

应纳税所得额=18 000-5 000-2 500-3 000=7 500(元),查表一;

应预扣预缴个人所得税=7 500×3%=225(元)。

2018年度年终奖:

30 000÷12=2 500,查表三;

应纳个人所得税=30 000×3%=900元。

例5-10 2019年2月陈某实际取得发放工资35 000元,个人承担的"三险一金"2 500元,专项附加扣除3 000元。

要求:试计算陈某2月份工资累计预扣预缴税额。

2月份累计应纳税所得额=(18 000+35 000)-5 000×2-2 500×2

-3 000×2=32 000(元),查表一;

2月份累计预扣预缴个人所得税=32 000×3%=960(元);

2月份实际预扣预缴个人所得税=960-225=735(元)。

例5-11 2019年3月陈某实际取得发放工资10 000元,个人承担的"三险一金"2 500元,专项附加扣除3 000元。

要求:试计算陈某3月份工资累计预扣预缴税额。

3月份累计应纳税所得额=(18 000+35 000+10 000)-5 000×3

-2 500×3-3 000×3=31 500(元),查表一;

3月份累计预扣预缴个人所得税=31 500×3%=945(元);

3月份实际预扣预缴个人所得税=945-960=-15(元);

3月份暂不纳税,以后月份计算以此类推。

> 小思考5-2
>
> 吴某于2019年12月末取得全年一次性奖金90 000元,如果吴某2019年12月份工资薪金所得中各项扣除尚有1 500元没有减除,其全年一次性奖金应缴多少个人所得税?

二、非居民个人应纳税所得额和应纳税额的计算

非居民个人取得工资、薪金所得,劳务报酬所得,稿酬所得和特许权使用费所得,有扣缴义务人的,由扣缴义务人按月或者按次代扣代缴税款,不办理汇算清缴。

扣缴义务人向非居民个人支付工资、薪金所得,劳务报酬所得,稿酬所得和特许权使用费所得时,应当按以下方法按月或者按次代扣代缴个人所得税:

非居民个人的工资、薪金所得,以每月收入额减除费用5 000元后的余额为应纳税所得

额;劳务报酬所得、稿酬所得、特许权使用费所得,以每次收入额为应纳税所得额,适用按月换算后的非居民个人月度税率表(即图表 5-6 非居民个人所得税税率表三)计算应纳税额。其中,劳务报酬所得、稿酬所得、特许权使用费所得以收入减除 20% 的费用后的余额为收入额,稿酬所得的收入额减按 70% 计算。

非居民个人工资、薪金所得,劳务报酬所得,稿酬所得,特许权使用费所得应纳税额的计算公式为:

$$应纳税所得额 = 工资薪金所得 - 5\,000$$
$$应纳税额 = 应纳税所得额 \times 税率 - 速算扣除数$$

例 5-12 冯某为非居民个人,2019 年 4 月在国内一家媒体公司任职,月薪 30 000 元。4 月份除了工资、薪金所得外,还在我国取得劳务报酬所得 8 000 元,稿酬所得 9 000 元。

要求:试计算冯某应纳个人所得税。

计算分析如下:

工资薪金应纳税所得额 = 30 000 - 5 000 = 25 000(元),查表三;

工资薪金应纳税个人所得税额 = 25 000 × 20% - 1 410 = 3 590(元)

劳务报酬所得应纳税所得额 = 8 000 × (1 - 20%) = 6 400(元),查表三;

劳务报酬所得应纳个人所得税额 = 6 400 × 10% - 210 = 430(元);

稿酬所得应纳税所得额 = 9 000 × (1 - 20%) × 70% = 5 040(元),查表三;

稿酬所得应纳个人所得税额 = 5 040 × 10% - 210 = 294(元)。

小知识5-5

非居民个人每月从我国境内两处或者两处以上取得工资薪金所得的,需要合并计税,但仅扣除一次 5 000 元基本减除费用。非居民个人在计算个人所得税时,不涉及减除专项扣除、专项附加扣除和依法确定的其他扣除。

三、经营所得应纳税所得额和应纳税额的计算

纳税人取得经营所得,按年计算个人所得税,由纳税人在月度或者季度终了后十五日内向税务机关报送纳税申报表,并预缴税款;在取得所得的次年 3 月 31 前办理汇算清缴。

经营所得,以每一纳税年度的收入总额减除成本、费用及损失后的余额,为应纳税所得额。成本、费用是指生产、经营活动中发生的各项直接支出和分配计入成本的间接费用以及销售费用、管理费用、财务费用;损失是指生产、经营活动中发生的固定资产和存货的盘亏、毁损、报废损失,转让财产损失,坏账损失,自然灾害等不可抗力因素造成的损失以及其他损失。计算公式为:

$$全年应纳税所得额 = 全年收入总额 - 成本 - 费用 - 损失$$
$$全年应纳税额 = 全年应纳税所得额 \times 税率 - 速算扣除数$$

例 5-13 个体工商户卫某从事生产经营活动,2019 年全年应纳税收入额为 305 000 元,

经税务机关核定的成本、费用和损失为 185 000 元。

要求：试计算卫某应纳个人所得税额。

计算分析如下：

全年应纳税所得额＝305 000－185 000＝120 000（元）。

查个人所得税税率表二（经营所得适用）适用第三档，税率 20％，速算扣除数 10 500 元。

全年应纳税额＝120 000×20％－10 500＝13 500（元）。

从事生产、经营活动，未提供完整、准确的纳税资料，不能正确计算应纳税所得额的，由主管税务机关核定应纳税所得额或者应纳税额。

取得经营所得的个人，没有综合所得的，计算其每一纳税年度的应纳税所得额时，应当减除费用 6 万元、专项扣除、专项附加扣除以及依法确定的其他扣除。专项附加扣除在办理汇算清缴时减除。

例 5-14 个体工商户杨某从事承包经营，2019 年全年取得承包经营收入 150 000 元，允许减除生活费 60 000 元，子女教育经费 24 000 元，住房租金支出 18 000 元，赡养老人支出 12 000 元。

要求：试计算杨某应纳个人所得税额。

全年应纳税所得额＝150 000－60 000－24 000－18 000－12 000＝36 000（元）。

查个人所得税税率表二（经营所得适用）适用第 2 档，税率 10％，速算扣除数 1 500 元。

全年应纳税额＝36 000×10％－1 500＝2 100（元）。

📖 **小思考 5-3**

个体工商户生产经营所得与承包经营所得同样是适用所得税税率表二（经营所得适用），为什么计算应纳税所得额时方法是不同的？

四、财产租赁所得应纳税所得额和应纳税额的计算

财产租赁所得，每次收入不超过四千元的，减除费用八百元；四千元以上的，减除 20％ 的费用，其余额为应纳税所得额，适用税率为 20％。

例 5-15 秦某将一辆汽车出租给别人作运输用，取得收入 4 000 元。

要求：试计算秦某应纳个人所得税。

计算分析如下：

应纳税额＝（4 000－800）×20％＝640（元）。

在确定财产租赁的应纳税所得额时，纳税人在出租财产过程中缴纳的税金和教育费附加，可持完税（缴款）凭证，从其财产租赁收入中扣除。准予扣除的项目除了规定费用和有关税、费外，还准予扣除能够提供有效、准确凭证，证明由纳税人负担的该出租财产实际开支的修缮费用。其计算公式为：

（1）每次（月）收入不超过 4 000 元的：

$$应纳税额＝[每次（月）收入额－租赁过程中缴纳的税费－$$
$$修缮费用（800 元为限）－800]×20％$$

（2）每次（月）收入在 4000 元以上的：

$$应纳税额 ＝ ［每次（月）收入额 － 租赁过程中缴纳的税费 －$$
$$修缮费用（800 元为限）］×（1－20\%）×20\%$$

由纳税人负担的该出租财产实际开支的修缮费用，每次扣除 800 元为限，一次扣不完的，可无限期在以后各期扣除。

例 5-16 许某 9 月份出租房屋取得收入 6 000 元，当月房屋修缮发生费用 1 200 元（有房管部门发票）。

要求：试计算许某 9 月份财产租赁应纳个人所得税。

计算分析如下：

应纳税额＝（6 000－800）×（1－20\%）×10\%＝416（元）；

修缮费用差额 400 元（1 200－800）可以在下个月扣除。

小知识 5-6

税法规定，对个人出租住房取得的所得减按 10\% 的优惠税率征收个人所得税。

在计算房屋租赁所得时，还需要考虑应缴其他税费、修缮费和法定扣除费用等几方面的因素：

首先扣除出租财产过程中缴纳的有关税金如按 5\% 征收率减按 1.5\% 计算征收的增值税，同时缴纳城市维护建设税和教育费附加；

其次能提供依据证明由出租人负担的该出租房屋实际开支的修缮费用（每月一次扣除以 800 元为限，一次扣不完的，可下次扣除直至扣完为止）；

再次对月租金收入不超过 4 000 元的减除费用标准 800 元，4 000 元以上的减除费用标准 20\% 后，余下的为应纳税所得额；

最后按以下公式计算应纳所得税额：

$$个人出租房屋的应缴个人所得税额 ＝ 应纳税所得额×10\%。$$

小知识 5-7

对于个人出租住房很多地方是核定个人所得税，直接按租金收入的 1\% 或 2\% 计（各地不统一），以当地税务机关的核定为准。

个人出租住房还可以采用综合征收率征收，综合征收率为 5\%（其中：增值税 1.5\%，个人所得税 3.5\%）。月租金收入在 105 000 元以上的，税务机关向纳税人填开包括增值税、房产税和个人所得税的完税证明；月租金收入在 105 000 元（含）以下的，税务机关征收税款后，向纳税人填开包括房产税和个人所得税的完税证明。因为月收入小于 100 000 万元的免征增值税。假如某人出租住房月租金收入 5 000 元，则当月应缴个人所得税 175 元（5 000×3.5\%），当然还要缴纳房产税 200 元（5 000×4\%）。

以上月租金收入 105 000 元是含增值税的,若折合成不含增值税的月租金收入,计算方法是:105 000 ÷(1+5%)=100 000(元)。

五、财产转让所得应纳税所得额和应纳税额的计算

财产转让所得,以转让财产的收入额减除财产原值和合理费用后的余额,为应纳税所得额。其适用税率为 20%。财产转让按每次取得的所得单独计算。

一般情况下财产转让所得应纳税额的计算公式为:

应纳税额 = 应纳税所得额 × 适用税率 =(收入总额 − 财产原值 − 合理费用)× 20%

例 5-17　何某将自己拥有的一间房屋出售给钱某,变卖收入 600 万元,该房屋的购置成本为 400 万元,交易过程中共发生税费 7 万元,中介费用 2 万元(经税务认定均为合理支出)。

要求:试计算何某财产转让所得应纳个人所得税。

计算分析如下:

应纳税额=(600−400−7−2)×20%=38.2(万元)。

六、利息、股息、红利所得和偶然所得应纳税所得额和应纳税额的计算

利息、股息、红利所得和偶然所得,以个人每次收入额为应纳税所得额,其适用税率为 20%,不扣除任何费用。

应纳税额 = 应纳税所得额 × 适用税率 = 每次收入额 × 20%

例 5-18　某企业股东吕某 2019 年 1 月收到公司分发的红利共计 48 000 元。

要求:试计算吕某红利所得应纳个人所得税。

计算分析如下:

应纳税额=48 000×20%=9 600(元)。

例 5-19　曹某买彩票中奖,获得奖金 50 000 元。

要求:试计算曹某偶然所得应纳个人所得税。

计算分析如下:

应纳税额=50 000×20%=10 000(元)。

例 5-20　陈某 2019 年工资收入 50 万元,劳务报酬收入 20 万元。向北京冬奥会捐款2 万元,通过社会组织向某高等院校捐款 18 万元。专项扣除和专项附加扣除为 10 万元。

要求:试计算陈某 2019 年综合所得应纳个人所得税额。

综合所得应纳税所得额=500 000+200 000×80%−60 000−100 000=500 000(元);

公益性捐赠限额=500 000×30%=150 000(元),小于 180 000 元,准予扣除 150 000 元,向北京冬奥会捐款据实扣除。

应纳税所得额=500 000−20 000−150 000=330 000(元),查表一;

应纳税额=330 000×25%−31 920=50 580(元)。

例 5-21　陈某为某公司员工,2019 年 1 月份发放 2018 年度年终奖 30 000 元,2019 年每月工资发放如下:

月份	1	2	3	4	5	6	7	8	9	10	11	12
工资	10 000	30 000	10 000	10 000	10 000	18 000	10 000	10 000	15 000	10 000	15 000	32 000
社保	2 200	2 200	2 200	2 850	2 850	2 850	2 850	2 850	2 850	2 850	2 850	2 850

2019 年 1 月份确认,除了子女教育 1 000 元和赡养老人 2 000 元外,陈某无其他扣除项目。

要求:试计算陈某 2018 年度年终奖应缴个人所得税额和 2019 年 1—12 月份每月预扣预缴个人所得税额以及年度累计应缴个人所得税额。

计算分析如下:

2018 年度的年终奖单独申报纳税:

30 000÷12＝2 500(元),查表三;

应纳个人所得税＝30 000×3%＝900(元)。

2019 年 1—12 月份每月应预扣预缴税额如下:

月份	工资收入	累计工资收入	累计减除费用	累计专项扣除	累计专项附加扣除	累计所得额	适用税率	速算扣除数	累计应纳税额	累计预扣税额	本期预扣税额
1	10 000	10 000	5 000	2 200	3 000	0	3%	0	0	0	0
2	30 000	40 000	10 000	4 400	6 000	19 600	3%	0	588	588	588
3	10 000	50 000	15 000	6 600	9 000	19 400	3%	0	582	588	0
4	10 000	60 000	20 000	9 450	12 000	18 550	3%	0	556.50	588	0
5	10 000	70 000	25 000	12 300	15 000	17 700	3%	0	531	588	0
6	18 000	88 000	30 000	15 150	18 000	24 850	3%	0	745.50	745.50	157.50
7	10 000	98 000	35 000	18 000	21 000	24 000	3%	0	720	745.50	0
8	10 000	108 000	40 000	20 850	24 000	23 150	3%	0	694.50	745.50	0
9	15 000	123 000	45 000	23 700	27 000	27 300	3%	0	819	819	73.50
10	10 000	133 000	50 000	26 550	30 000	26 450	3%	0	793.50	819	0
11	15 000	148 000	55 000	29 400	33 000	30 600	3%	0	918	918	99
12	32 000	180 000	60 000	32 250	36 000	51 750	10%	2 520	2 655	2 655	1 737
清算		180 000	60 000	32 250	36 000	51 750	10%	2 520	2 655		2 655

年度累计应纳税所得额 51 750 元,查表一;

年度累计应缴个人所得税＝51 750×10%－2 520＝2 655(元);

应补缴个人所得税＝2 655－918＝1 737(元)。

第三节 个人所得税的会计核算

一、个人所得税核算的账户设置

企业为核算代扣代缴的个人所得税,应设置"应交税费——应交个人所得税"科目。贷方核算企业代扣代缴的个人所得税,借方核算实际向税务机关解缴的个人所得税。

二、个人所得税核算的账户处理

企业为职工代扣代缴的个人所得税与社保的账务处理如下:

(一)企业在扣款时

借:应付职工薪酬——工资薪酬
　　贷:应交税费——应交个人所得税
　　　　其他应付款——社保

(二)企业在缴款时

借:应交税费——应交个人所得税
　　贷:银行存款
借:其他应付款——社保
　　贷:银行存款

例 5-22 严某为某公司的员工(经认定,该公司为我国某股份制企业,严某为居民纳税人),2019 年 1 月税前工资薪金为 12 300 元,应扣除的"三险一金"2 200 元、子女教育经费 1 000 元、赡养老人支出 2 000 元、继续教育费用 400 元。

要求:试计算严某个人所得税的应纳税所得额、应纳税额,并作公司代扣其个人所得税的账户处理。

计算分析如下:

全月应纳税所得额＝(12 300－5 000－2 200－1 000－2 000－400)＝1 700(元);

全月应纳税额＝1 700×3％＝51(元)。

公司代扣个人所得税的账户处理如下:

借:应付职工薪酬——工资薪酬　　　　　　　　51
　　贷:应交税费——应交个人所得税　　　　　　51

 小练习 5-2

冯某将自己持有的一部轿车出卖给程某,共发生费用 3 000 元,其中,经认定的合理支出为 2 000 元,最终取得收入 180 000 元,该轿车初始购置成本为 130 000 元,试计算冯某个人所得税的应纳税所得额和应纳税额。

纳税实务

第六章　其他税种

【学习目标】

通过本章的学习,明确城市维护建设税、教育费附加、资源税、土地增值税、房产税、土地使用税、车船税等税种的纳税人、征收范围、税目税率、计税依据、计税方法等有关规定,掌握各税种的计算与会计处理。

本章导入

后世有关税、牙税、契税及芦课、茶课、矿课之类,亦税也。

——《说文通训定声》

第一节　城市维护建设税及其会计核算

一、城市维护建设税的基本内容

(一)概念

城市维护建设税,简称城建税,是我国为了加强城市的维护建设,扩大和稳定城市维护建设资金的来源,对有经营收入的单位和个人征收的一个税种。

城市维护建设税以纳税人实际缴纳的增值税、消费税税额为计税依据,与增值税、消费税同时缴纳。

(二)纳税人

城市维护建设税的纳税人,是指实际缴纳增值税、消费税的单位和个人,具体包括各类企业、行政单位、事业单位、军事单位、社会团体及其他单位,以及个体工商户和其他个人。

(三)税率

城市维护建设税实行差别比例税率。根据纳税人所在地区,共分三档:

(1)纳税人所在地为市区的,税率为7%。

(2)纳税人所在地为县城、镇的,税率为5%。

(3)纳税人所在地不属于市区、县城或镇的,税率为1%。

(四)计算公式

$$应纳税额 = (实际缴纳的增值税 + 实际缴纳的消费税) \times 适用税率$$

例6-1　某市甲公司3月份应缴纳增值税90 000元,实际缴纳增值税80 000元;应缴纳消费税 70 000 元,实际缴纳消费税 60 000 元。已知,甲公司适用的城市维护建设税税率为 7%。

要求:计算甲公司 3 月份应缴纳城市维护建设税。

计算分析如下:

甲公司 3 月份应缴纳城市维护建设税 =(80 000+60 000)×7% = 9 800(元)。

二、城市维护建设税的会计核算

企业应交的城市维护建设税,借记"税金及附加"科目,贷记"应交税费——应交城市维护建设税"科目。

例 6-2　某企业本期实际上交增值税 400 000 元,消费税 241 000 元。该企业适用的城市维护建设税税率为 7%。

要求:作出相应会计分录。

计算分析如下:

应交的城市维护建设税 =(400 000+241 000)×7% = 44 870(元)。

编制会计分录如下:

1)计算应交的城市维护建设税:

借:税金及附加　　　　　　　　　　　　　　　　　44 870

　　贷:应交税费——应交城市维护建设税　　　　　　　　44 870

2)用银行存款上交城市维护建设税时:

借:应交税费——应交城市维护建设税　　　　　　　　44 870

　　贷:银行存款　　　　　　　　　　　　　　　　　44 870

第二节　教育费附加及其会计核算

一、教育费附加的基本内容

(一)概念

教育费附加是对缴纳增值税、消费税的单位和个人征收的一种附加费。目的是发展地方性教育事业,扩大地方教育经费的资金来源。

(二)纳税人

教育费附加的纳税人,是税法规定的缴纳增值税、消费税的单位和个人。

(三)征收率

教育费附加的征收率为 3%。

(四)计算公式

应纳教育费附加 =(实际缴纳的增值税+实际缴纳的消费税)×3%

例 6-3　某市甲公司 2019 年 3 月份应缴纳增值税 90 000 元,实际缴纳增值税 80 000

元;应缴纳消费税 70 000 元,实际缴纳消费税 60 000 元。已知,教育费附加的征收比例为 3%。

要求:计算甲公司 3 月份应缴纳教育费附加。

计算分析如下:

甲公司 3 月份应缴纳教育费附加 = (80 000 + 60 000) × 3% = 4 200(元)。

二、教育费附加的会计核算

企业应交的教育费附加,借记"税金及附加"科目,贷记"应交税费——应交教育费附加"科目。

例 6-4 某企业按税法规定计算,第四季度应交纳教育费附加 30 000 元。款项已经用银行存款支付。

要求:作出相应会计分录。

编制会计处理如下:

借:税金及附加	30 000
贷:应交税费——应交教育费附加	30 000
借:应交税费——应交教育费附加	30 000
贷:银行存款	30 000

第三节　关税及其会计核算

一、关税的基本内容

(一)概念

关税是指国家授权海关对出入关境的货物和物品征收的一种税,是进出口商品经过一国关境时,由政府设置的海关向进出口商征收的税收。关税具有强制性、无偿性和预定性。

小视野 6-1

关税壁垒是指用征收高额进口税和各种进口附加税的办法,以限制和阻止外国商品进口的一种手段,是贸易壁垒的一种。

16—17 世纪,欧洲推行重商主义政策的国家曾经运用关税壁垒阻止外国制成品的进口,以保护本国工厂手工业的发展,实现对外贸易的出超。19 世纪,欧洲后起的资本主义国家,为了对抗英国工业品的大量输入,也曾运用关税壁垒,以保护本国工业发展,促进产业革命的实现。20 世纪以来,在复杂的对外贸易斗争形势下,一方面,发达资本主义国家运用关税壁垒,以保证国内垄断资本获取超额利润,并用于迫使其他国家就关税和外贸问题作出让步;另一方面,发展中国家有时也要运用关税壁垒,抵制别国低廉物品的倾销,以保护民族工业的发展。

（二）纳税人

进口货物的收货人、出口货物的发货人、进出境物品的所有人。

（三）税率

关税的适用税率包括法定税率（最惠国税率、协定税率、特惠税率、普通税率）、暂定税率、配额税率、信息技术产品税率、特别关税等多种税率。

（四）计算公式

1. 从价税应纳税额

$$从价税关税税额 = 应税进口货物数量 \times 单位完税价格 \times 税率$$

2. 从量税应纳税额

$$从量税关税税额 = 应税进口货物数量 \times 单位货物税率$$

3. 复合税应纳税额

$$复合税关税税额 = 从价税应纳税额 + 从量税应纳税额$$

4. 滑准税应纳税额

$$滑准税关税税额 = 应税进口货物数量 \times 单位完税加工 \times 滑准税税率$$

小知识 6-1

关税滞纳金是指在关税缴纳期限内未履行其关税给付义务的纳税人，被海关课以应纳税额一定比例的货币给付义务的行政行为。

征收滞纳金的目的是通过使滞纳关税的纳税人承担新的货币给付义务的方法，促使其尽早履行其关税给付义务。

滞纳金自关税缴纳期限届满之日起，至纳税义务人缴纳关税之日止，按之纳税款万分之五的比例按日征收，周末或法定节假日不予扣除。具体计算公式为：

$$关税滞纳金金额 = 滞纳关税税额 \times 滞纳金征收比率 \times 滞纳天数$$

例 6-5 某进出口公司从美国进口货物一批，关税完税价格 1 500 万元。假设该货物适用关税税率为 8％、增值税税率为 13％、消费税税率为 10％。

要求：请分别计算该公司应纳关税、消费税和增值税。

计算分析如下：

1）进口环节关税＝1 500×8％＝120（万元）。

2）消费税组成计税价格和应纳税额：

进口货物消费税组成计税价格＝（1 500＋120）÷（1−10％）＝1 800（万元）；

进口环节海关代征消费税＝1 800×10％＝180（万元）。

3）进口货物增值税组成计税价格＝1 500＋120＋180＝1 800（万元）；

进口环节海关代征增值税＝1 800×13％＝234（万元）。

二、关税的会计核算

企业应当在"应交税费"科目下设置"应交进口关税"和"应交出口关税"两个明细科目，分别用来核算企业发生的和实际缴纳的进出口关税，其贷方反映企业在进出口报关时经海关核准应缴纳的进出口关税，其借方反映企业实际缴纳的进出口关税，余额在贷方反映企业应缴而未缴的进出关税。

对于进口关税，应当计入进口货物的成本。而对于出口关税，通常应当计入企业的税金及附加。

例6-6 某企业 5 月 1 日报关进口货物一批，关税完税价格为 US＄400 000，国家规定的进口关税税率为 15％。进口报关当日人民银行公布的市场汇价为 1 美元＝6.50 元人民币。

要求：计算并缴纳进口关税，进行相应账务处理。

计算分析如下：

应纳进口关税＝400 000×6.50×15％＝390 000（元）。

编制会计分录如下：

借：在途物资 390 000
　　贷：应交税费——应交进口关税 390 000

以银行存款缴纳进口关税时，编制会计分录如下：

借：应交税费——应交进口关税 390 000
　　贷：银行存款 390 000

例6-7 某公司进口设备一套，关税完税价格为 US＄200 000，报关当日人民银行公布的市场汇价为 6.60 元人民币，进口关税税率为 10％。

要求：计算并缴纳进口关税，进行相应账务处理。

计算分析如下：

应纳税额 ＝ 200 000 × 6.60 × 10％ ＝ 132 000（元）。

编制会计分录如下：

借：固定资产 132 000
　　贷：应交税费——应交进口关税 132 000

以银行存款缴纳进口关税时，作会计分录如下：

借：应交税费——应交进口关税 132 000
　　贷：银行存款 132 000

第四节　资源税及其会计核算

一、资源税的基本内容

（一）资源税的概念

资源税是指对在我国境内从事应税矿产品开采或生产盐的单位和个人征收的一

种税。

资源税只对特定的自然资源征税，目的是调节资源的级差收益。

（二）资源税的纳税人

资源税的纳税人，为在我国境内开采应税矿产品或者生产盐的单位和个人。

（三）资源税的征税范围

资源税包括七大应税项目：原油、天然气、煤炭、其他非金属矿原矿、黑色金属矿原矿、有色金属矿原矿、盐（固体盐、液体盐）。

 小归纳 6-1

图表 6-1　　　　　　　　　　　资源税的税目

<table>
<tr><th colspan="3">征税范围</th><th>不征或暂不征收的项目</th></tr>
<tr><td rowspan="7">产品</td><td colspan="2">原油（天然原油）</td><td>不包括人造石油</td></tr>
<tr><td colspan="2">天然气（专门开采或与原油同时开采的天然气）</td><td>煤矿生产的天然气和煤层瓦斯暂不征资源税</td></tr>
<tr><td colspan="2">煤炭（原煤）</td><td>洗煤、选煤和其他煤炭制品不征资源税</td></tr>
<tr><td>其他非金属矿原矿</td><td rowspan="3">一般在税目税率表上有列举名称</td><td rowspan="3">对于未列举名称的其他非金属矿原矿和其他有色金属矿原矿，由省级政府决定征收或暂缓征收资源税，并报财政部和国家税务总局备案</td></tr>
<tr><td>黑色金属矿原矿</td></tr>
<tr><td>有色金属矿原矿</td></tr>
<tr><td rowspan="2">盐</td><td>固体盐（海盐原盐、湖盐原盐和井矿盐）</td><td></td></tr>
<tr><td>液体盐（卤水）</td><td></td></tr>
</table>

（四）资源税的税率

资源税实行从量定额征收，即资源税按单位税额缴纳。例如原油 8—30 元/吨，天然气 2—15 元/千立方米等。

（五）资源税的课税数量

（1）纳税人开采或者生产应税产品销售的，以销售数量为课税数量。

（2）纳税人开采或者生产应税产品自用的，以自用（非生产用）数量为课税数量。

（3）纳税人不能准确提供应税产品销售数量或移送使用数量的，以应税产品的产量或按主管税务机关确定的折算比，换算成的数量为课税数量。

（六）应纳税额的计算

$$应纳税额 ＝ 课税数量 \times 适用的单位税额$$

例 6-8　某煤矿 10 月份生产销售原煤 15 万吨。已知：该煤矿煤炭适用的单位税额为 1.5 元/吨。

纳税实务

要求:计算该煤矿10月份应纳资源税税额。

计算分析如下:

销售原煤应纳资源税税额 = 15×1.5 = 22.5(万元)。

二、资源税的会计核算

企业对外销售应税产品应交纳的资源税,借记"税金及附加"科目,贷记"应交税费——应交资源税"科目;企业自产自用应税产品而应交纳的资源税,借记"生产成本"、"制造费用"等科目,贷记"应交税费——应交资源税"科目。

例6-9 某企业对外销售某种资源税应税矿产品2 000吨,每吨应交资源税5元。

要求:作出相应会计分录。

计算分析如下:

企业对外销售应税产品而应交纳的资源税=2 000×5=10 000(元)。

该企业的有关会计分录如下:

借:税金及附加　　　　　　　　　　　　　　　　　　　　10 000
　　贷:应交税费——应交资源税　　　　　　　　　　　　　　　10 000

例6-10 某企业将自产的资源税应税矿产品500吨用于企业的产品生产,每吨应交资源税5元。

要求:作出相应会计分录。

计算分析如下:

企业自产自用应税矿产品而应交纳的资源税=500×5=2 500(元)。

编制会计分录如下:

借:生产成本　　　　　　　　　　　　　　　　　　　　　　2 500
　　贷:应交税费——应交资源税　　　　　　　　　　　　　　　　2 500

第五节　土地增值税及其会计核算

一、土地增值税的基本内容

(一)概念

土地增值税是指对有偿转让国有土地使用权及地上建筑物和其他附着物产权并取得增值性收入的单位和个人所征收的一种税。土地增值税具有以下特点:

① 以转让房地产取得的增值额为征税对象;

② 征税面比较广;

③ 采用扣除法和评估法计算增值额;

④ 实行超率累进税率;

⑤ 实行按次征收。

(二)纳税人

土地增值税的纳税人是转让国有土地使用权及地上的一切建筑物和其他附着物产权,

并取得收入的单位和个人。

（三）征税范围

（1）国有土地使用权、地上建筑及其附着物转让行为。

（2）国有土地使用权、地上建筑及其附着物使用行为。

（3）对转让房地产行为征税。

> **小知识6-2**
>
> 自 1999 年 8 月 1 日起,对居民个人拥有的普通住宅,在其转让时暂免征土地增值税。个人因工作调动或改善居住条件而转让原自用住房(非普通住宅),经向税务机关申报核准,凡居住满 5 年或 5 年以上的,免予征收土地增值税;居住满 3 年未满 5 年的,减半征收土地增值税;居住未满 3 年的,按规定计征土地增值税。

（四）税率

土地增值税采用四级超率累进税率,如图表 6-2 所示。

图表 6-2　　　　　　　　**土地增值税四级超率累进税率表**

级数	增值额与扣除项目金额的比率	税率	速算扣除系数
1	不超过 50% 的部分	30%	0
2	超过 50%—100% 的部分	40%	5%
3	超过 100%—200% 部分	50%	15%
4	超过 200% 的部分	60%	35%

（五）转让房地产增值额的确定

土地增值税的征税对象即增值额为应税收入减去扣除项目。

（六）土地增值税的计算

1. 计算增值额

$$增值额 = 转让房地产收入 - 扣除项目金额之和$$

2. 计算增值率

$$增值率 = \frac{增值额}{扣除项目金额之和} \times 100\%$$

3. 计算土地增值税税额

$$应纳土地增值税额 = 增值额 \times 适用税率 - 扣除项目金额之和 \times 速算扣除系数$$

例6-11　某房地产开发公司出售一幢写字楼,收入总额为 10 000 万元。开发该写字楼允许扣除的项目金额合计 6 005 万元。

要求:计算该房地产开发公司应交纳的土地增值税。

计算分析如下：

增值额 $= 10\,000 - 6\,005 = 3\,995$（万元）；

增值率 $= 3\,995 \div 6\,005 \times 100\% = 66.53\%$（查图表 6-2 计算得出）；

应纳税额 $= 3\,995 \times 40\% - 6\,005 \times 5\% = 1\,297.75$（万元）。

二、土地增值税的会计核算

企业转让的土地使用权连同地上建筑物及其附着物一并在"固定资产"等科目核算的，转让时应交纳的土地增值税，借记"固定资产清理"科目，贷记"应交税费——应交土地增值税"科目；土地使用权在"无形资产"科目核算的，按实际收到的金额，借记"银行存款"科目，按应交纳的土地增值税，贷记"应交税费——应交土地增值税"科目，同时冲销土地使用权的账面价值，贷记"无形资产"等科目，按其差额，借记"营业外支出"科目或贷记"营业外收入"科目。

例 6-12 某企业对外转让一栋厂房，根据税法规定计算的应交土地增值税为 27 000 元。

要求：作出相应会计分录。

编制会计分录如下：

1）计算应交纳的土地增值税：

借：固定资产清理　　　　　　　　　　　　　　　　　27 000

　　贷：应交税费——应交土地增值税　　　　　　　　　　　　27 000

2）企业用银行存款交纳应交土地增值税税款：

借：应交税费——应交土地增值税　　　　　　　　　　27 000

　　贷：银行存款　　　　　　　　　　　　　　　　　　　　27 000

第六节　房产税及其会计核算

一、房产税的基本内容

（一）概念

房产税是以房产为征税对象，按照房产的计税余值或房产租金收入向房产所有人或经营管理人等征收的一种税。

（二）纳税人

在我国城市、县城、建制镇和工矿区内拥有房屋产权的单位和个人。

从 2009 年 1 月 1 日起，外商投资企业、外国企业和组织、外籍人员也可以是房产税的纳税人。

（三）征税范围

房产税的征税对象是房屋，独立于房屋之外的建筑物，如：围墙、烟囱、水塔、菜窖、室外游泳池等不属于房产税的征税对象。

房地产开发企业建造的商品房，在出售前，不征收房产税，但对出售前房地产开发企业已使用或出租、出借的商品房应按规定征收房产税。

(四)税率

房产税采用比例税率、从价计征。按房产余值计征的,年税率为 1.2%;按房产出租的租金收入计征的,税率为 12%。

但对个人按市场价格出租的居民住房,用于居住的,可暂减按 4% 的税率征收房产税。

(五)计税依据

房产税的计税依据有两种:

1. 房产的计税余值

按税法规定,对于企业自用房产,应以房产的计税余值为计税依据。

所谓房产的计税余值,是指房产原值一次减除 10% 至 30% 的自然损耗等因素后的余额。

2. 租金收入

按照规定,对于企业出租的房产,应以房产租金收入为房产税的计税依据。

二、房产税的计算方法

根据税法规定,房产税的计算方法有以下两种:

(一)按房产原值一次减除一定扣除比例后的余值计算

其计算公式为:

$$年应纳税额 = 房产账面原值 \times (1 - 扣除比例) \times 1.2\%$$

(二)按租金收入计算

其计算公式为:

$$年应纳税额 = 年租金收入 \times 适用税率(12\%)$$

 小归纳 6-2

房产税应纳税额的计算

图表 6-3

计税方法	计税依据	税率	税额计算公式
从价计征	房产余值	1.2%	全年应纳税额=应税房产原值×(1-扣除比例)×1.2%
从租计征	房屋租金	12%(个人为 4%)	应纳税额=租金收入×12%(个人为 4%)

例 6-13 某企业 2019 年度自有生产用房原值 5 000 万元,账面已提折旧 1 000 万元。当地政府规定计算房产余值的扣除比例为 30%。

要求:计算该企业 2019 年度应缴纳的房产税税额。

计算分析如下:

该企业 2018 年应缴纳的房产税＝5 000×(1－30%)×1.2%＝42(万元)。

小知识 6-4

房产税的税收优惠

国家机关、人民团体、军队自用的房产免征房产税。但对出租房产以及非自身业务使用的生产、营业用房,不属于免税范围。

由国家财政部门拨付事业经费的单位(全额或差额预算管理的事业单位),本身业务范围内使用的房产免征房产税。对于其所属的附属工厂、商店、招待所等不属单位公务、业务的用房,应照章纳税。

宗教寺庙、公园、名胜古迹自用的房产免征房产税。但宗教寺庙、公园、名胜古迹中附设的营业单位,如:影剧院、饮食部、茶社、照相馆等所使用的房产及出租的房产,不属于免税范围,应照章纳税。

个人所有非营业用的房产免征房产税。但对个人拥有的营业用房或者出租的房产,不属于免税房产,应照章纳税。

央行含外管局所属分支机构自用的房产。

经财政部批准免税的其他房产免征房产税。

第七节　城镇土地使用税及其会计核算

一、城镇土地使用税的基本内容

(一) 概念

城镇土地使用税,是以城镇土地为征税对象,对拥有土地使用权的单位和个人征收的一种税。城镇土地使用税具有以下特点:

(1) 征税对象是国有土地。

(2) 征税范围广。

(3) 实行差别幅度税额。

(二) 纳税人

在城市、县城、建制镇、工矿区范围内使用土地的单位和个人,为城镇土地使用税的纳税义务人。

(三）税额

土地使用税每平方米年税额如下：

(1）大城市 0.5 元至 10 元。

(2）中等城市 0.4 元至 8 元。

(3）小城市 0.3 元至 6 元。

(4）县城、建制镇、工矿区 0.2 元至 4 元。

（四）计算公式

$$应纳税额 = 实际占用的土地面积 \times 适用税额$$

例 6-14 设在某城市的一企业使用土地面积为 10 000 平方米，经税务机关核定，该土地为应税土地，每平方米年税额为 5 元。

要求：计算该企业全年应缴纳的土地使用税税额。

计算分析如下：

应纳税额 = 10 000 × 5 = 50 000（元）。

二、城镇土地使用税的会计核算

企业交纳的土地使用税应通过"应交税费——应交土地使用税"科目核算。该科目贷方反映企业应缴的土地使用税，借方反映企业已经缴纳的土地使用税；余额在贷方，表示应缴而未缴的土地使用税。

每月末，企业应按规定计算出应缴纳的土地使用税，编制会计分录如下：

借：管理费用

　　贷：应交税费——应交土地使用税

企业按照规定的纳税期限缴纳税款时，编制会计分录如下：

借：应交税费——应交土地使用税

　　贷：银行存款

第八节　车船税及其会计核算

一、车船税的基本内容

（一）概念

对在中国境内车船管理部门登记的车辆、船舶(以下简称车船)依法征收的一种税。

（二）纳税人

车船税的纳税人为在中国境内拥有或者管理车船的单位和个人。

（三）征税范围

依法在公安、交通、农业等车船管理部门登记的车船，包括车辆和船舶。

(四) 税目和税率

车船税的税目与税率如图表 6-4 所示。

图表 6-4 车船税的税目与税率

税目			计税单位	备注
乘用车〔按发动机汽缸容量(排气量)分档〕			每辆	核定载客人数 9 人(含)以下
商用车	客车		每辆	核定载客人数 9 人以上,包括电车
	货车		整备质量每吨	包括半挂牵引车、挂车、客货两用汽车、三轮汽车和低速载货汽车等。挂车按照货车税额的 50% 计算
	挂车		整备质量每吨	按照货车税额的 50% 计算
其他车辆	专用作业车		整备质量每吨	不包括拖拉机
	轮式专用机械车			
摩托车			每辆	
船舶	机动船舶		净吨位每吨	拖船、非机动驳船分别按照机动船舶税额的 50% 计算
	游艇		艇身长度每米	

(五) 车船税应纳税额的计算

车船税按年申报,分月计算,一次性缴纳。

$$乘用车、客车、摩托车的应纳税额 = 辆数 \times 适用年税额$$

$$货车、其他车辆应纳税额 = 自重吨位数 \times 适用年税额$$

$$船舶应纳税额 = 净吨位数 \times 适用年税额$$

例6-15 某小型运输公司 2019 年拥有并使用以下车辆:整备质量 5 吨的载货卡车 10 辆,省级人民政府规定年税额每吨 50 元;18 座的小型客车 3 辆,省级人民政府规定年税额每辆 530 元。

要求:计算该公司 2019 年应纳车船税税额。

计算分析如下:

卡车应纳税额=5×10×50=2 500(元)。

小型客车应纳税额=3×530=1 590(元)。

该运输公司应纳车船税=2 500+1 590=4 090(元)。

二、车船税的会计核算

企业应交的车船税,借记"管理费用"科目,贷记"应交税费——应交车船税"科目。

第九节　印花税及其会计核算

一、印花税的基本内容

（一）概念

印花税是对经济活动和经济交往中书立、领受、使用的应税经济凭证所征收的一种税。印花税具有以下特点：

① 兼有凭证税和行为税性质；

② 征税范围广泛；

③ 税率低；

④ 纳税人自行完税。

（二）纳税人

在中国境内书立、领受、使用税法所列举凭证的单位和个人，主要包括：立合同人、立账簿人、立据人、领受人和使用人等。

（三）征税范围

印花税的征税范围分为五类，即经济合同，产权转移书据，营业账簿，权利、许可证照和经财政部门确认的其他凭证。

小知识 6-5

印花税的征税范围

图表 6-5

纳税人	具体情况	要注意的问题
立合同人	各类合同的当事人，不包括合同的担保人、证人、鉴定人。当事人的代理人有代理纳税的义务	（1）凡共同书立的应税凭证，其当事人各方都是印花税的纳税人，应就其所持凭证的计税金额履行纳税义务。（2）纳税人以电子形式签订的各类应税凭证按规定征收
立据人	订立产权转移书据的单位和个人	
立账簿人	设立并使用营业账簿的单位和个人	
领受人	领取或接受并持有权利、许可证照的单位和个人	
使用人	在国外书立、领受，但在国内使用应税凭证的单位和个人	

（四）计税依据、税率

印花税税目、纳税人、计税依据、税率如图表 6-6 所示。

税目	纳税人	计税依据	税率
1. 借款合同	立合同人	借款金额	0.05‰
2. 购销合同		购销金额	0.3‰
3. 建筑安装工程承包合同		承包金额	
4. 技术合同		所载金额	
5. 加工承揽合同		加工或承揽收入	0.5‰
6. 建设工程勘察设计合同		收费金额	
7. 货物运输合同		运费金额	
8. 产权转移书据	立据人	所载金额	
9. 记载资金的账簿	立账簿人	实收资本和资本公积的合计金额	
10. 财产租赁合同	立合同人	租赁金额	1‰
11. 仓储保管合同		仓储保管费	
12. 财产保险合同		保险费	
13. 股权转让书据(A 股、B 股)	立据人	所载金额	
14. 除资金账簿外的其他营业账簿	立账簿人	件数	5 元/件
15. 权利、许可证照	领受人		

> 小思考 6-1
>
> 印花税有哪些税率？分别适用于什么税目？

（五）应纳税额的计算

1. 比例税率

$$应纳税额 ＝ 应税凭证计税金额 × 比例税率$$

2. 定额税率

$$应纳税额 ＝ 应税凭证件数 × 定额税率$$

3. 营业账簿中记载资金的账簿

$$应纳税额 ＝（实收资本 ＋ 资本公积）× 0.5‰$$

4. 按件贴花

其他账簿按件贴花，每件 5 元。

例 6-16　甲公司为一家运输公司，2019 年 4 月初将其中的 9 辆汽车租给 A 公司使用，租期 9 个月，9 辆汽车的总价值为 1 800 000 元，双方签订租赁合同。租金为每月 6 000 元。

要求:计算该公司应缴纳的印花税税额。

计算分析如下:

以租金收入为计税依据,税率1‰。

应纳税额=6 000×9×1‰=54(元)。

例 6-17 某公司上年度新启用非资金账簿 15 本,除此之外,还与购货方签订了购销合同,购买 40 万元的原材料,合同已履行。

要求:计算该公司应缴纳的印花税税额。

计算分析如下:

新启用账簿应纳印花税=15×5=75(元)。

购销合同应纳印花税=400 000×0.3‰=120(元)。

应缴纳的印花税税额合计=75+120=195(元)。

(六) 印花税的纳税期限

印花税应税凭证应在书立、领受时即行贴花完税,不得延至凭证生效日期再贴花。

(七) 缴纳方法

印花税的缴纳方法包括自行贴花、汇贴汇缴和委托代征三种。

小知识 6-6

印花税缴纳方式

图表 6-7

1. 自行贴花	即实行"三自"纳税,纳税人在书立、领受应税凭证时,自行计算应纳印花税额,自行购买印花税票,自行在应税凭证上一次贴足印花并自行注销。已贴用的印花税票不得重用;已贴花的凭证,修改后所载金额有增加的,其增加部分应当补贴足印花
2. 汇贴汇缴	汇贴:一份凭证应纳税额超过 500 元的,纳税人应当向当地税务机关申请填写缴款书或完税证,将其中一联粘贴在凭证上或者税务机关在凭证上加注完税标记代替贴花
	汇缴:同一类应纳税凭证,需频繁贴花的,纳税人应向当地税务机关申请按期汇总缴纳印花税。汇总缴纳的限期限额由当地税务机关确定,但最长期限不得超过一个月
3. 委托代征	即税务机关委托,由发放或者办理应纳税凭证的单位代为征收印花税税款

二、印花税的会计核算

企业应交的印花税,借记"管理费用"科目,贷记"库存现金"或"银行存款"科目。

第十节 契税及其会计核算

一、契税的基本内容

（一）概念

在土地、房屋权属转移时，按照当事人双方签订的合同（契约），以及所确定价格的一定比例，向权属承受人征收的一种税。

（二）纳税人

在我国境内承受土地、房屋权属转移的单位和个人。

需要注意的是：

① 契税是针对"承受方"征收的，转让方缴纳增值税、土地增值税等。

② 外国企业和外商投资企业也是契税的纳税人。

（三）征税范围

在我国境内转移土地、房屋权属的行为征契税；土地、房屋权属未转移的，不征收契税。

（四）契税的计税依据

契税不同情形的计税依据如图表 6-8 所示。

图表 6-8 　　　　　　　　　　　　契税不同情形的计税依据

具体情形	计税依据
1. 国有土地使用权出让、土地使用权出售、房屋买卖	成交价格
2. 赠与	由征收机关参照土地使用权出售、房屋买卖的市场价格核定
3. 交换	所交换的土地使用权、房屋的价格差额 交换价格不相等的，由多交付货币、实物、无形资产或其他经济利益的一方缴纳契税；交换价格相等的，免征契税
4. 以划拨方式取得土地使用权，经批准转让房地产时	由房地产转让者补交契税，计税依据为补交的土地使用权出让费用或者土地收益

注：对成交价格明显低于市场价格而无正当理由的，或所交换的土地使用权、房屋价格的差额明显不合理并且无正当理由的，征收机关参照市场价格核定计税依据。

（五）税率

契税的税率实行 3%—5% 的幅度税率。

（六）应纳税额的计算

$$契税应纳税额 ＝ 计税依据 \times 税率$$

例 6-18　林某拥有面积为 140 平方米的住宅一套，价值 96 万元。黄某拥有面积为 120 平方米的住宅一套，价值 72 万元。两人进行房屋交换，差价部分黄某以现金补偿林某。已知契税适用税率为 3%。

要求:计算黄某应缴纳的契税税额。

计算分析如下:

应纳税额 = (96 - 72) × 3% = 0.72(万元)。

小知识 6-7

契税税收优惠的一般规定

图表 6-9

国家机关、事业单位、社会团体、军事单位承受土地、房屋用于办公、教学、医疗、科研和军事设施	免征
城镇职工按规定第一次购买公有住房	免征
承受荒山(沟、丘、滩)土地使用权用于农林牧渔生产	免征
经外交部确认,依照条约或协定应当予以免税的外国驻华使馆、领事馆联合国驻华机构及其外交人员承受土地、房屋	免税
因不可抗力灭失住房而重新购买住房	酌情减免
被县级以上政府征用、占用后,重新承受土地、房屋权属	由省级政府确定是否减免

二、契税的会计核算

企业取得土地使用权、房屋按规定交纳的契税,由于是按实际取得的不动产的价格计税,按照规定的税额一次性征收的,不存在与税务机关结算或清算的问题,因此,也不需要通过"应交税费"科目核算。企业按规定计算交纳的契税,借记"固定资产"、"无形资产"、"管理费用"等科目,贷记"银行存款"科目。

例 6-19 某公司购买办公大楼一栋,价款为 10 000 000 元,按规定计算交纳的契税为 50 000 元,用银行存款支付。

要求:作出相应会计分录。

编制会计分录如下:

借:固定资产——办公楼   10 050 000

贷:银行存款   10 050 000

第十一节 车辆购置税及其会计核算

一、车辆购置税的基本内容

(一) 概念

车辆购置税是指对在我国境内购置规定车辆的单位和个人征收的一种税,它由车辆购置附加费演变而来。

（二）纳税人

在中华人民共和国境内购置应税车辆的单位和个人。

应税行为包括：

① 购买使用行为，包括购买使用国产应税车辆和购买使用进口应税车辆；

② 进口使用行为，指直接进口使用应税车辆的行为；

③ 受赠使用行为；

④ 自产自用行为；

⑤ 获奖使用行为；

⑥ 拍卖、抵债等方式取得并使用的行为。

（三）税率

车辆购置税实行统一比例税率，税率为10%。

（四）计税依据

1. 购买自用应税车辆计税依据的确定

计税价格的组成为纳税人购买应税车辆而支付给销售者的全部价款和价外费用（不含增值税）。

2. 进口自用应税车辆计税依据的确定

$$组成计税价格 = 关税完税价格 + 关税 + 消费税$$

3. 其他自用应税车辆计税依据的确定

纳税人自产、受赠、获奖和以其他方式取得并自用的应税车辆的计税价格，不能准确提供价格的，则由主管税务机关参照国家税务总局规定相同类型应税车辆的最低计税价格核定。

（五）计算公式

$$车辆购置税应纳税额 = 计税价格 \times 10\%$$

例 6-20 某企业2019年5月12日开出转账支票一张，从某汽车市场购入小汽车一辆，价款169 500元（含增值税）。

要求：计算车辆购置税应纳税额。

计算分析如下：

计税价格＝169 500÷（1＋13%）＝150 000（元）。

应纳税额＝150 000×10%＝15 000（元）。

小知识 6-8

车辆购置税税收优惠

图表 6-10

税收优惠	具体规定
法定减免	1. 外国驻华使馆、领事馆和国际组织驻华机构及其外交人员自用车辆免税；

税收优惠	具体规定
法定减免	2. 中国人民解放军和中国人民武装警察部队列入军队武器装备订货计划的车辆免税； 3. 设有固定装置的非运输车辆免税； 4. 防汛部门和森林消防等部门购置的由指定厂家生产的指定型号的用于指挥、检查、调度、报汛(警)、联络的专用车辆； 5. 回国服务的留学人员用现汇购买1辆个人自用国产小汽车； 6. 长期来华定居专家1辆自用小汽车； 7. 有国务院规定予以免税或者减税的其他情形的,按照规定免税或者减税
车辆购置税的退税	完税后因下列情况需要办理退还车辆购置税的,由纳税人申请,征收机构审查后办理退还车辆购置税手续： 1. 公安机关车辆管理机构不予办理车辆登记注册的,凭其出具的注销车辆号牌证明办理退税手续。 2. 因质量等原因发生退回所购车辆的,凭经销商的退货证明和退货发票以及完税证明的正本和副本办理退税手续。按已缴税款每满1年扣10％,计算退税

二、车辆购置税的会计核算

企业缴纳的车辆购置税应当作为所购置车辆的成本。由于车辆购置税是一次性缴纳,因此它可以不通过"应交税费"账户进行核算。在具体进行会计核算时,对于企业实际缴纳的车辆购置税,应编制会计分录如下：

借：固定资产
　　贷：银行存款

第十二节　耕地占用税及其会计核算

一、耕地占用税的基本内容

(一) 概念

耕地占用税是对占用耕地建房或者从事其他非农业建设的单位和个人,就其实际占用的耕地按面积征收的一种税,它属于对特定土地资源占用课税。耕地占用税具有以下特点：

① 兼具资源税与特定行为税的性质；
② 采用地区差别税率；
③ 在占用耕地环节一次性课税；
④ 税收收入专用于耕地开发与改良。

(二) 纳税人

耕地占用税的纳税人,是占用耕地建房或者从事非农业建设的单位或者个人。

（三）征税范围

耕地占用税的征税范围包括占用的国家所有和集体所有的耕地。

（四）计税依据

耕地占用税以纳税人实际占用的耕地面积为计税依据。

（五）税率

（1）人均耕地不超过 1 亩的地区（以县级行政区域为单位，下同），每平方米为 10 元至 50 元。

（2）人均耕地超过 1 亩但不超过 2 亩的地区，每平方米为 8 元至 40 元。

（3）人均耕地超过 2 亩但不超过 3 亩的地区，每平方米为 6 元至 30 元。

（4）人均耕地超过 3 亩的地区，每平方米为 5 元至 25 元。

经济特区、经济技术开发区和经济发达且人均耕地特别少的地区，适用税额可以适当提高，但是提高的部分最高不得超过上述规定的当地适用税额的 50%。

（六）税收优惠

1. 免征耕地占用税

（1）军事设施占用耕地。

（2）学校、幼儿园、养老院、医院占用耕地。

2. 减征耕地占用税

（1）铁路线路、公路线路、飞机场跑道、停机坪、港口、航道占用耕地，减按每平方米 2 元的税额征收耕地占用税。

（2）农村居民占用耕地新建住宅，按照当地适用税额减半征收耕地占用税。

（七）计算公式

耕地占用税税金的具体计算公式如下：

$$应纳税金 = 实际占用耕地面积 \times 适用税率$$

例 6-21 某学校占用耕地 20 亩，其中 5 亩为校办工厂用地，其余 15 亩为教学楼、操场、宿舍等用地。当地适用税率为 5 元/平方米。按耕地占用税政策规定，校办工厂用地不能免征耕地占用税。（1 市亩＝666.67 平方米）

要求：计算该学校应缴纳的耕地占用税。

计算分析如下：

该学校应缴纳的耕地占用税＝5×666.67×5＝16 666.75（元）。

二、耕地占用税的会计核算

企业购建固定资产缴纳的耕地占用税的会计核算，按是否形成固定资产价值，分为两种处理方法。

（一）企业购建固定资产缴纳的耕地占用税，计入固定资产价值的

（1）计提工程项目应缴纳的耕地占用税时，编制会计分录：

借：在建工程

贷：应交税费——应交耕地占用税

（2）缴纳耕地占用税时，编制会计分录：

借:应交税费——应交耕地占用税
    贷:银行存款

(二) 企业缴纳的耕地占用税,不形成固定资产价值的部分,计入管理费用

1. 计提工程项目应缴纳的耕地占用税时,编制会计分录:

借:管理费用
    贷:应交税费——应交耕地占用税

2. 缴纳耕地占用税时,编制会计分录:

借:应交税费——应交耕地占用税
    贷:银行存款

第十三节　烟叶税及其会计核算

一、烟叶税的基本内容

(一) 概念

烟叶税是指在中华人民共和国境内收购烟叶的单位按照《中华人民共和国烟叶税暂行条例》的规定缴纳的一种税。

(二) 纳税人

烟叶税的纳税人为在中华人民共和国境内收购烟叶的单位。

(三) 税率

烟叶税的税率为20%。

(四) 计税依据

烟叶税按照纳税人收购烟叶的收购金额为计税依据。收购金额包括纳税人支付给烟叶销售者的烟叶收购价款和价外补贴。按照简化手续、方便征收的原则,对价外补贴统一暂按烟叶收购价款的10%计入收购金额计税。收购金额的计算公式如下:

$$收购金额 = 收购价款 \times (1 + 10\%)$$

(五) 计算公式

烟叶税按次征收,应纳税额的计算公式为:

$$应纳税额 = 烟叶收购金额 \times 税率$$

> *小视野 6-2*
> 为了保护和改善环境、减少污染物排放、推进生态文明建设,国家制定了《环境保护税法》,自2018年1月1日起施行。其主要内容包括:资源环境保护税收政策、涉及土地税收政策。

纳税实务

第六章　其他税种　121

二、烟叶税的会计核算

按现行的企业会计制度规定,涉及核算烟叶收购环节业务的会计科目主要有"材料采购"、"材料成本差异"、"在途物资"、"原材料"、"库存商品"、"银行存款"和"应交税费"等。

小知识 6-9

自 2019 年 1 月起,小规模纳税人地方税及附加减按 50% 缴纳,具体包括:资源税、城市维护建设税、房产税、城镇土地使用税、印花税(不含证券交易印花税)、耕地占用税和教育费附加、地方教育费附加。

第七章　税务纳税申报

【学习目标】

通过本章的学习，了解纳税申报的定义、内容、对象、期限、方式以及纳税申报表的种类；初步掌握增值税、消费税、企业所得税、个人所得税纳税申报表的编制；明确纳税申报的流程和注意事项。

本章导入

税收是国家的主要支柱。

——西塞罗

第一节　纳税申报概述

一、纳税申报的定义

纳税申报是指纳税人、扣缴义务人在发生法定纳税义务后，按照税法或税务机关相关行政法规所规定的内容，在申报期限内，以书面形式向主管税务机关提交有关纳税事项及应缴税款的法律行为。它既是纳税人履行纳税义务、承担法律责任的主要依据，也是税务机关税收管理信息的主要来源和税务管理的一项重要制度。

税收征收管理法对纳税申报作了如下规定：

（1）纳税人必须依照法律、行政法规规定或者税务机关依照法律、行政法规的规定确定的申报期限、申报内容如实办理纳税申报，报送纳税申报表、财务会计报表以及税务机关根据实际需要要求纳税人报送的其他纳税资料。扣缴义务人必须依照法律、行政法规规定或者税务在依照法律、行政法规的规定确定的申报期限、申报内容如实报送代扣代缴、代收代缴税款报告表以及税务机关根据实际需要要求扣缴义务人报送的其他有关资料。

（2）纳税人、扣缴义务人可以直接到税务机关办理纳税申报或者报送代扣代缴、代收代缴税款报告表，也可以按照规定采取邮寄、数据电文或者其他方式办理上述申报、报送事项。

（3）纳税人、扣缴义务人不能按期办理纳税申报或者报送代扣代缴、代收代缴税款报告表的，经税务机关核准，可以延期申报。经核准延期办理所规定的申报、报送事项的，应当在纳税期内按照上期实际缴纳的税额或者税务机关核定的税额预缴税款，并在核准的延期内办理税款结算。

二、纳税申报的内容

纳税申报内容是指法律、行政法规规定的，或者税务机关根据法律、行政法规的规定确定的纳税人、扣缴义务人向税务机关申报应纳或者应解缴税款的内容。

纳税人和扣缴义务人在发生纳税义务和代扣代缴、代收代缴税款义务后,应在其申报期限内,按纳税申报表的内容逐项如实填写,并根据不同的情况相应报送下列有关证件、资料:

(1) 财务会计报表及其说明材料。

(2) 与纳税有关的合同、协议书及凭证。

(3) 税控装置的电子报税资料。

(4) 外出经营活动税收管理证明和异地完税凭证。

(5) 境内或者境外公证机构出具的有关证明文件。

(6) 纳税人、扣缴义务人的纳税申报或者代扣代缴、代收代缴税款报告表的主要内容包括:税种、税目,应纳税项目或者应代扣代缴、代收代缴税款项目,计税依据,扣除项目及标准,适用税率或者单位税额,应退税项目及税额、应减免税项目及税额,应纳税额或者应代扣代缴、代收代缴税额,税款所属期限、延期缴纳税款、欠税、滞纳金等。

(7) 扣缴义务人办理代扣代缴、代收代缴税款报告时,应当如实填写代扣代缴、代收代缴税款报告表,并报送代扣代缴、代收代缴税款的合法凭证以及税务机关规定的其他有关证件、资料。

(8) 税务机关规定应当报送的其他有关证件、资料。

三、纳税申报的对象

纳税申报对象是指按照国家法律、行政法规的规定,负有纳税义务的纳税人或者负有代扣代缴税款义务的扣缴义务人。纳税人(含享有减免税的纳税人)、扣缴义务人无论本期有无应该缴纳、应该解缴的税款,都必须按税法规定的期限如实向主管税务机关办理纳税申报,享受减免税的纳税人,也应按期办理纳税申报。

(1) 依法已向国家税务机关办理税务登记的纳税人。

其中包括:

① 各项收入均应当纳税的纳税人;

② 全部或部份产品、项目或者税种享受减税、免税照顾的纳税人;

③ 当期营业额未达起征点或没有营业收入的纳税人;

④ 实行定期定额纳税的纳税人;

⑤ 应当向国家税务机关缴纳企业所得税以及其他税种的纳税人。

(2) 按规定不需向国家税务机关办理税务登记,以及应当办理而未办理税务登记的纳税人。

(3) 扣缴义务人和国家税务机关确定的委托代征人。

四、纳税申报的期限

纳税申报的期限是指税法规定的关于税款缴纳时间方面的限定。税法关于纳税期限的规定有:纳税义务发生时间、纳税期限、缴库期限。

(一) 缴纳增值税、消费税的纳税人

纳税期限分别为 1 日、3 日、5 日、10 日、15 日、1 个月或者 1 个季度。纳税人的具体纳税期限,由主管税务机关根据纳税人应纳税额的大小分别核定;不能按照固定期限纳税的,可以按次纳税。

以1个季度为纳税期限的规定仅适用于小规模纳税人。

纳税人以1个月或者1个季度为1个纳税期的，自期满之日起15日内申报纳税；以1日、3日、5日、10日或者15日为1个纳税期，自期满之日起5日内预缴税款，于次月1日起15日内申报纳税并结清上月应纳税款。

(二) 缴纳企业所得税的纳税人

企业所得税采用分月或者分季预缴，企业应当自月份或者季度终了之日起15日内，向税务机关报送预缴企业所得税纳税申报表，预缴税款；企业应当自年度终了之日起5个月内，向税务机关报送年度企业所得税纳税申报表，并汇算清缴，结清应缴应退税款，企业在报送企业所得税纳税申报表时，应当按照规定附送财务会计报告和其他有关资料；企业在年度中间终止经营活动的，应当自实际经营终止之日起60日内，向税务机关办理当期企业所得税汇算清缴。企业应当在办理注销登记前，就其清算所得向税务机关申报并依法缴纳企业所得税。

(三) 缴纳个人所得税的纳税人

个人所得税法规定个人所得税以所得人为纳税人，以支付所得的单位或者个人为扣缴义务人。扣缴义务人应当按照国家规定办理全员全额扣缴申报，并向纳税人提供其个人所得和已扣税款等信息。

关于个人所得税纳税申报期限，主要有以下情况：

(1) 居民个人取得综合所得，按年计算个人所得税；有扣缴义务人的，由扣缴义务人按月或者按次预扣预缴税款；需要办理汇算清缴的，应当在取得所得的次年3月1日至6月30日内办理汇算清缴。

(2) 非居民个人取得工资、薪金所得，劳务报酬所得，稿酬所得和特许权使用费所得，有扣缴义务人的，由扣缴义务人按月或者按次代扣代缴税款，不办理汇算清缴。

(3) 纳税人取得经营所得，按年计算个人所得税，由纳税人在月度或者季度终了后15日内向税务机关报送纳税申报表，并预缴税款；在取得所得的次年3月31日前办理汇算清缴。

(4) 纳税人取得利息、股息、红利所得，财产租赁所得，财产转让所得和偶然所得，按月或者按次计算个人所得税，有扣缴义务人的，由扣缴义务人按月或者按次代扣代缴税款。

(5) 纳税人取得应税所得没有扣缴义务人的，应当在取得所得的次月十五日内向税务机关报送纳税申报表，并缴纳税款。

(6) 纳税人取得应税所得，扣缴义务人未扣缴税款的，纳税人应当在取得所得的次年6月30日前，缴纳税款；税务机关通知限期缴纳的，纳税人应当按照期限缴纳税款。

(7) 居民个人从中国境外取得所得的，应当在取得所得的次年3月1日至6月30日内申报纳税。

(8) 非居民个人在中国境内从两处以上取得工资、薪金所得的，应当在取得所得的次月15日内申报纳税。

(9) 纳税人因移居境外注销中国户籍的，应当在注销中国户籍前办理税款清算。

(10) 扣缴义务人每月或者每次预扣、代扣的税款，应当在次月15日内缴入国库，并向税务机关报送扣缴个人所得税申报表。

（11）纳税人办理汇算清缴退税或者扣缴义务人为纳税人办理汇算清缴退税的，税务机关审核后，按照国库管理的有关规定办理退税。

小归纳 7-1

《个人所得税法》第十条规定，有下列情形之一，纳税人应当依法办理纳税申报：

① 取得综合所得需要办理汇算清缴；

② 取得应税所得没有扣缴义务人；

③ 取得应税所得，扣缴义务人未扣缴税款；

④ 取得境外所得；

⑤ 因移居境外注销中国户籍；

⑥ 非居民个人在中国境内从两处以上取得工资、薪金所得；

⑦ 国务院规定的其他情形。

（四）其他税种

税法已明确规定纳税申报期限的，按税法规定的期限申报；税法未明确规定纳税申报期限的，按主管国家税务机关根据具体情况确定的期限申报。

五、纳税申报的方式

纳税人、扣缴义务人应自行到税务机关办理申报纳税或者报送代扣代缴、代收代缴税款报告表，经税务机关批准，也可以采取邮寄、数据电文方式办理上述申报、报送事项。

（一）直接申报

直接申报也称上门申报，是指纳税人和扣缴义务人在规定的申报期限内，自行到税务机关指定的办税服务场所报送纳税申报表、代扣代缴、代收代缴报告表及有资料。

（二）邮寄申报

邮寄申报是指经税务机关批准，纳税人、扣缴义务人使用统一的纳税申报专用信封，通过邮政部门办理交寄手续，并以邮政部门收据作为申报凭据的一种申报方式。

（三）数据电文方式

数据电文申报也称电子申报，是指纳税人、扣缴义务人在规定的申报期限内，通过与税务机关接受办理纳税申报、代扣代缴及代收代缴税款申报的电子系统联网的电脑终端，按照规定和系统发出的指示输入申报内容，以完成纳税申报或者代扣代缴及代收代缴税款申报的方式。

（四）简易申报

简易申报是指实行定期定额的纳税人，通过以缴纳税款凭证代替申报或简并征期的一种申报方式。

六、纳税申报表

纳税申报表指纳税人履行纳税义务,按期向税务机关申报纳税期应缴税额时应填报的表格。我国《税收征收管理暂行条例》规定,纳税人必须按照规定进行纳税申报,向主管税务机关报送纳税申报表,它是税务机关指定,由纳税人填写,以完成纳税申报程序的一种税收文书。一般应包括纳税人名称、税种、税目、应纳税项目、适用税率或单位税额、计税依据、应纳税款、税款属期等内容。

企业需要报送的纳税申报表主要有:增值税纳税申报表(包括一般纳税人和小规模纳税人两种)、消费税纳税申报表、企业所得税纳税申报表、代扣代缴个人所得税纳税申报表、个体工商户所得税年度申报表、个人承包承租经营所得税年度申报表、城镇土地使用税申报表、车船使用税纳税申报表、房产税纳税申报表、代收(代扣)代缴税款报告表等。

纳税申报表是税务机关掌握、分析、核定纳税人纳税情况的主要依据,是税务档案的重要内容。纳税人应按要求如实填报,如有错漏应承担相应法律责任。

第二节　纳税申报表

一、增值税纳税申报表

增值税纳税申报表可分为一般纳税人申报表和小规模纳税人申报表两种。

(一)一般纳税人增值税纳税申报表

一般纳税人申报表的主要内容包括:纳税人名称、地址、开户银行、销售货物、提供劳务的名称和销售额、适用增值税税率、销项税额,纳税人购进货物的进项税额、纳税人应纳税额以及增值税专用发票的使用情况等。

例 7-1　上海龙腾家具有限公司是一家主营家具销售的企业,经认定,该企业为增值税一般纳税人,2020 年 1 月销售家具取得含税收入人民币 3 955 000 元,(其中开具增值税专用发票注明的含税金额有 3 390 000 元,开具普通发票注明的含税金额有 565 000 元),购买家具、木材等发生进项税额 130 000 元,上期无留抵税额,本期无已缴税额。

要求:试填写本月的增值税纳税申报表。

企业相关信息如下:

企业名称:上海龙腾家具有限公司

纳税人识别号:31023048913703956×××

法定代表人姓名:王腾

注册地址:上海市崇明县城桥镇官山路 2 号×幢(崇明工业园区)

开户银行及账号:招商银行上海江宁支行 121907822710×××

企业登记注册类型:私营有限责任公司

电话号码:021-622588××

填报人:陈莹

填报日期:2020 年 2 月 1 日

增值税纳税申报表(适用于一般纳税人)

税款所属时间:自 2020 年 1 月 1 日至 2020 年 1 月 31 日 　　　　　　填表日期:2020 年 2 月 1 日

全额单位:元至角分

纳税人识别号	3 1 0 2 3 0 4 8 9 1 3 7 0 3 9 5 6 × × ×		所属行业:工业	
纳税人名称	上海龙腾家具有限公司(公章)	法定代表人姓名 王腾 注册地址	上海市崇明县城桥镇官山路 2 号×幢(崇明工业园区)	
开户银行及账号	招商银行上海江宁支行 121907822710×××	企业登记注册类型 私营有限责任公司	电话号码	021－622588××

项目	栏次	一般货物及劳务		即征即退货物及劳务	
		本月数	本年累积	本月数	本年累积
销售额 (一)按适用税率征税货物及劳务销售额	1	3 500 000	3 500 000	0	0
其中:应税货物销售额	2	3 500 000	3 500 000	0	0
应税劳务销售额	3	0	0	0	0
纳税检查调整的销售额	4	0	0	0	0
(二)按简易征收办法征税货物销售额	5	0	0	0	0
其中:纳税检查调整的销售额	6	0	0	0	0
(三)免、抵、退办法出口货物销售额	7	0	0	——	——
(四)免税货物及劳务销售额	8	0	0	——	——
其中:免税货物销售额	9	0	0	——	——
免税劳务销售额	10	0	0	——	——
税款计算 销项税额	11	455 000	455 000	0	0
进项税额	12	130 000	130 000	0	0
上期留抵税额	13	0	——	0	——
进项税额转出	14	0	0	0	0
免抵退货物应退税额	15	0	0	0	0
按适用税率计算的纳税检查应补缴税额	16	0	0	0	0
应抵扣税额合计	17＝12＋13－14－15＋16	130 000	130 000	0	0
实际抵扣税额	18(如 17＜11,则为 17,否则为 11)	130 000	130 000	0	0
应纳税额	19＝11－18	325 000	325 000	0	0
期末留抵税额	20＝17－18	0	——	0	——

	项目	栏次	一般货物及劳务		即征即退货物及劳务	
			本月数	本年累积	本月数	本年累积
税款计算	简易征收办法计算的应纳税额	21	0	0	0	0
	按简易征收办法计算的纳税检查应补缴税额	22	0	0	——	——
	应纳税额减征额	23	0	0	0	0
	应纳税额合计	24＝19＋21－23	325 000	325 000	0	0
税款缴纳	期初未缴税额(多缴为负数)	25	0	0	0	0
	实收出口开具专用缴款书退税额	26	0	——	——	——
	本期已缴税额	27＝28＋29＋30＋31	0	0	0	0
	(1)分次预缴税额	28	0	——	0	——
	(2)出口开具专用缴款书预缴税额	29	0	——	——	——
	(3)本期交纳上期应纳税额	30	0	0	0	0
	(4)本期缴纳欠缴税额	31	0	0	0	0
	期末未缴税额(多缴为负数)	32＝24＋25＋26－27	325 000	325 000	0	0
	其中:欠缴税额(≥0)	33＝25＋26－27	0	——	0	——
	本期应补(退)税额	34＝24－28－29	325 000	325 000	0	——
	即征即退实际退税额	35	——	——	0	0
	期初未缴查补税额	36	0	0	——	——
	本期入库查补税额	37	0	0	——	——
	期末未缴查补税额	38＝16＋22＋36－37	0	0	——	——
授权声明	如果你已委托代理人申报,请填写以下资料: 为代理一切税务事宜,现授权 陈莹 　(地址)　　　　　　　为本纳税人的代理申报人,任何与本申报表有关的往来文件,都可寄予此人。 　　　　　　　　授权人签字:陈莹	申报人声明	此纳税申报表是根据《中华人民共和国增值税暂行条例》的规定填报的,我相信它是真实的、可靠的、完整的。 　　　　　　　声明人签字:陈莹			

以下由税务机关填写:

收到日期:　　　　　　接收人:　　　　　　主管税务机关盖章:

纳税实务

（二）小规模纳税人增值税纳税申报表

小规模纳税人申报表的主要内容包括：纳税人名称、地址、开户银行，销售货物、提供劳务名称以及销售额、应纳税额等。

例7-2 上海华程食品有限公司是一家主营食品零售的单位，经认定，该单位为增值税小规模纳税人，2019年1月销售食品开具的普通发票的金额为人民币309 000元，税务机关代开的增值税专用发票的金额为154 500元，上期无留抵税额，本期无已缴税额。

要求：试填写本月的增值税纳税申报表。

企业相关信息如下：

企业名称：上海华程食品有限公司

纳税人识别号：31011553498267511×××

法定代表人：陈南

财务负责人：李如峰

代理人：赵逸飞

单位电话：021－637079××

图表7-2   **增值税纳税申报表（适用小规模纳税人）**

纳税人识别号： 3 1 0 1 1 5 5 3 4 9 8 2 6 7 5 1 1 × × ×

纳税人名称（公章）：上海华程食品有限公司   金额单位：元

税款所属期：2019 年 1 月 1 日至 2019 年 1 月 31 日   填表日期：2019 年 2 月 1 日

	项　目	栏次	本月数	本年累计
一、计税依据	（一）应征增值税货物及劳务不含税销售额	1	450 000	450 000
	其中：税务机关代开的增值税专用发票不含税销售额	2	150 000	150 000
	税控器具开具的普通发票不含税销售额	3	300 000	300 000
	（二）销售使用过的应税固定资产不含税销售额	4	0	0
	其中：税控器具开具的普通发票不含税销售额	5	0	0
	（三）免税货物及劳务销售额	6	0	0
	其中：税控器具开具的普通发票销售额	7	0	0
	（四）出口免税货物销售额	8	0	0
	其中：税控器具开具的普通发票销售额	9	0	0
	直接出口货物免税销售额	10	0	0
二、税款计算	本期应纳税额	11	13 500	13 500
	本期应纳税额减征额	12	0	0
	应纳税额合计	13＝11－12	13 500	13 500
	本期预缴税额	14	0	——

	15＝13－14	13 500	——
本期应补(退)税额			

纳税人或代理人声明： 此纳税申报表是根据国家税收法律的规定填报的,我确定它是真实的、可靠的、完整的。	如纳税人填报,由纳税人填写以下各栏：	
	办税人员(签章):赵逸飞	财务负责人(签章):李如峰
	法定代表人(签章):陈南	联系电话:021－637079××
	如委托代理人填报,由代理人填写以下各栏：	
	代理人名称:赵逸飞　　　经办人(签章):赵逸飞　　联系电话:021－637079××	
	代理人(公章):赵逸飞	

受理人:　　　　　　受理日期:　　年　月　日　　　　　受理税务机关(签章):

本表为 A4 竖式一式二份,纳税人、税务机关各留存一份。

小思考 7-1

增值税申报表有一般纳税人申报表与小规模纳税人申报表两种,请思考一下,这两种申报表有什么不同?

二、消费税纳税申报表

消费税纳税申报表是消费税纳税人在规定的期限内向主管税务机关报送当期应纳税额的书面申请报告。是主管税务机关办理征收业务,核实应征税额和应扣缴税款、开具征税凭证的主要依据。它的主要内容有应纳税的课税品种、数量、计税金额、适用税率、应纳税额、已纳税额、实纳税额等。

例 7-3　上海如月化妆品有限公司是一家主营化妆品销售的单位,经认定,该企业为增值税一般纳税人 ,2019 年 1 月销售如月保湿水取得收入人民币 135 000 000 元,上期无留抵税额,本期无已缴税额。

要求:试填写本月的消费税纳税申报表。

企业相关信息如下:

企业名称:上海如月化妆品有限公司

纳税人识别号:31010715964916780×××

法定代表人:赵灵月

财务负责人:吴炘

代理人:汪水润

单位电话:021－626931××

消费税纳税申报表

纳税人识别号：| 3 | 1 | 0 | 1 | 0 | 7 | 1 | 5 | 9 | 6 | 4 | 9 | 1 | 6 | 7 | 8 | 0 | × | × | × |

纳税人名称(公章)：上海如月化妆品有限公司　　　　　　　　　　　金额单位：元(列至角分)

税款所属期：2019 年 1 月 1 日至 2019 年 1 月 31 日　　　　　　　填表日期：2019 年 2 月 1 日

应税消费品名称	税目	按比例税率计算应纳税额			按定额税率计算应纳税额			本期应纳税额
		销售额	适用税率	应纳税额	销售数量	适用税率	应纳税额	
1	2	3	4	5＝3×4	6	7	8＝6×7	9＝5+8
如月保湿水	化妆品	135 000 000	15%	20 250 000				20 250 000
合计		135 000 000	——	20 250 000		——		20 250 000
本期应抵扣税额		10				0		
本期应代收代缴税额		11				0		
本期减(免)征税额		12				0		
本期预缴税额		13				0		
本期应补(退)税额		14＝9—10+11—12—13				20 250 000		

纳税人或代理人声明：此纳税申报表是根据国家税收法律的规定填报的,我确定它是真实的、可靠的、完整的。	如纳税人填报,由纳税人填写以下各栏：	
	办税人员(签章)：汪水润	财务负责人(签章)：吴炘
	法定代表人(签章)：赵灵月	联系电话：021—626931××
	如委托代理人填报,由代理人填写以下各栏：	
	代理人名称：	经办人(签章)：
	代理人(公章)：	联系电话：

受理人(签章)：　　　　　　受理日期：　　年　月　日　　　　受理税务机关(章)：

本表一式三份,一份纳税人留存,一份主管税务机关留存,一份征收部门留存。

小思考 7-2

结合之前章节所学,已知消费税应纳税额的计算方法有三种,分为从价定率计征法、从量定额计征法,以及从价定率和从量定额复合计征法。而图表 7-3 中所用的是从价定率计征法,请思考一下,假如使用复合计征法,填表时又有什么区别?

三、企业所得税纳税申报表

企业所得税纳税申报表是企业所得税纳税人履行纳税义务,按规定期限向税务机关申报应纳税额时所填报的表格。企业所得税分月或者分季预缴;企业应当自月份或者季度终了之日起十五日内,向税务机关报送预缴企业所得税纳税申报表,预缴税款;企业应当自年度终了之日起五个月内,向税务机关报送年度企业所得税纳税申报表,并汇算清缴,结清应缴应退税款。纳税人在纳税年度内,无论盈利还是亏损,都应在规定的期限内向其所在地主管税务机关报送所得税申报表。

企业所得税纳税申报表有月(季)度预缴纳税申报表和年度汇算清缴申报表两种。

(一)企业所得税预缴纳税申报表

例 7-4　上海兴悦洗漱用品有限公司是一家主营洗漱用品的单位,经认定,该单位为增值税一般纳税人,2019 年第一季度销售洗漱用品取得收入总额人民币 465 650 000 元,营业成本 215 650 000 元,利润总额人民币 250 000 000 元。

要求:试填写该企业本季度的企业所得税纳税申报表。

企业相关信息如下:

企业名称:上海兴悦洗漱用品有限公司

纳税人代码:31010875641590782×××

法定代表人:程如南

财务负责人:王毅

办税人:万枫

单位电话:021－634845××

图表 7-4　　　　中华人民共和国企业所得税月(季)度预缴纳税申报表(A 类)

税款所属期间:2019 年 1 月 1 日至 2019 年 1 月 31 日

纳税人识别号(统一社会信用代码):| 3 | 1 | 0 | 1 | 0 | 8 | 7 | 5 | 6 | 4 | 1 | 5 | 9 | 0 | 7 | 8 | 2 | × | × | × |

纳税人名称:上海兴悦洗漱用品有限公司　　　　　　　　金额单位:人民币元(列至角分)

预缴方式	☑ 按照实际利润额预缴	□ 按照上一纳税年度应纳税所得额平均额预缴	□ 按照税务机关确定的其他方法预缴
企业类型	☑ 一般企业	□ 跨地区经营汇总纳税企业总机构	□ 跨地区经营汇总纳税企业分支机构

预缴税款计算

行次	项　目	本年累计金额
1	营业收入	465 650 000
2	营业成本	215 650 000
3	利润总额	250 000 000
4	加:特定业务计算的应纳税所得额	
5	减:不征税收入	

纳税实务

预缴税款计算

行次	项目	本年累计金额
6	减:免税收入、减计收入、所得减免等优惠金额(填写 A201010)	
7	减:固定资产加速折旧(扣除)调减额(填写 A201020)	
8	减:弥补以前年度亏损	
9	实际利润额(3+4-5-6-7-8)\ 按照上一纳税年度应纳税所得额平均额确定的应纳税所得额	250 000 000
10	税率(25%)	25%
11	应纳所得税额(9×10)	62 500 000
12	减:减免所得税额(填写 A201030)	
13	减:实际已缴纳所得税额	
14	减:特定业务预缴(征)所得税额	
15	本期应补(退)所得税额(11-12-13-14)\ 税务机关确定的本期应纳所得税额	62 500 000

汇总纳税企业总分机构税款计算

16	总机构填报	总机构本期分摊应补(退)所得税额(17+18+19)	
17		其中:总机构分摊应补(退)所得税额(15×总机构分摊比例__%)	
18		财政集中分配应补(退)所得税额(15×财政集中分配比例__%)	
19		总机构具有主体生产经营职能的部门分摊所得税额(15×全部分支机构分摊比例__%×总机构具有主体生产经营职能部门分摊比例__%)	
20	分支机构填报	分支机构本期分摊比例	
21		分支机构本期分摊应补(退)所得税额	

附报信息

小型微利企业	□ 是 □ 否	科技型中小企业	□ 是 □ 否
高新技术企业	□ 是 □ 否	技术入股递延纳税事项	□ 是 □ 否
期末从业人数			

附报信息
谨声明:此纳税申报表是根据《中华人民共和国企业所得税法》《中华人民共和国企业所得税法实施条例》以及有关税收政策和国家统一会计制度的规定填报的,是真实的、可靠的、完整的。 法定代表人(签章):程如南   2019 年 2 月 1 日

纳税人公章: 　会计主管:王毅 填表日期:2019 年 2 月 1 日	代理申报中介机构公章: 经办人:万枫 经办人执业证件号码: 代理申报日期:2019 年 2 月 1 日	主管税务机关受理专用章: 受理人: 受理日期: 年　月　日

(二) 企业所得税年终汇算清缴申报表

例 7-5　上海吉美酒店管理有限公司经认定为增值税一般纳税人,2018 年度的相关情况如下:① 营业收入人民币 1 103 048 500 元;② 营业成本人民币 70 000 000 元,发生税金及附加人民币 62 322 270 元;③ 发生期间费用:销售费用人民币 907 381 030 元,管理费用人民币 54 762 920 元,财务费用人民币 778 290 元;④ 营业外收入人民币 21 000 元;⑤ 减免所得税额人民币 1 173 750 元;⑥ 本年度已预缴税额人民币 625 998 元,上期无留抵税额。

要求:试填写本年度的企业所得税汇算清缴申报表。

企业相关信息如下:

企业名称:上海吉美酒店管理有限公司

纳税人识别号:310107776950×××

法定代表人:沈炘南

财务负责人:韩伟

代理人:杨晞

单位电话:021—652406××

图表 7-5　　　　　　　　企业所得税年度汇算清缴申报表

申报所属日期　　　　2018 年 1 月 1 日至 2018 年 12 月 31 日　　　　　　　金额单位:元

纳税人名称:	上海吉美酒店管理有限公司
纳税人代码:	310107776950×××

类别	行次	项目	金额
1		一、营业收入(填写 A101010\101020\103000)	1 103 048 500.00
2		减:营业成本(填写 A102010\102020\103000)	70 000 000.00
3		减:税金及附加	62 322 270.00
4	利润总额计算	减:销售费用(填写 A104000)	907 381 030.00
5		减:管理费用(填写 A104000)	54 762 920.00
6		减:财务费用(填写 A104000)	778 290.00
7		减:资产减值损失	0.00

纳税实务

类别	行次	项目	金额
	8	加:公允价值变动收益	0.00
	9	加:投资收益	0.00
	10	二、营业利润(1-2-3-4-5-6-7+8+9)	7 803 990.00
	11	加:营业外收入(填写 A101010\101020\103000)	21 000.00
	12	减:营业外支出(填写 A102010\102020\103000)	0.00
	13	三、利润总额(10+11-12)	7 824 990.00
应纳税所得额计算	14	减:境外所得(填写 A108010)	0.00
	15	加:纳税调整增加额(填写 A105000)	0.00
	16	减:纳税调整减少额(填写 A105000)	0.00
	17	减:免税、减计收入及加计扣除(填写 A107010)	0.00
	18	加:境外应税所得抵减境内亏损(填写 A108000)	0.00
	19	四、纳税调整后所得(13-14+15-16-17+18)	7 824 990.00
	20	减:所得减免(填写 A107020)	0.00
	21	减:弥补以前年度亏损(填写 A106000)	0.00
	22	减:抵扣应纳税所得额(填写 A107030)	0.00
	23	五、应纳税所得额(19-20-21-22)	7 824 990.00
应纳税额计算	24	税率(25%)	25%
	25	六、应纳所得税额(23×24)	1 956 247.50
	26	减:减免所得税额(填写 A107040)	1 173 750.00
	27	减:抵免所得税额(填写 A107050)	0.00
	28	七、应纳税额(25-26-27)	782 497.50
	29	加:境外所得应纳所得税额(填写 A108000)	0.00
	30	减:境外所得抵免所得税额(填写 A108000)	0.00
	31	八、实际应纳所得税额(28+29-30)	782 497.50
	32	减:本年累计实际已缴纳的所得税额	625 998.00
	33	九、本年应补(退)所得税额(31-32)	156 499.50
	34	其中:总机构分摊本年应补(退)所得税额(填写 A109000)	
	35	财政集中分配本年应补(退)所得税额(填写 A109000)	
	36	总机构主体生产经营部门分摊本年应补(退)所得税额(填写 A109000)	

図表 7-6

个人所得税扣缴申报表

税款所属属期：2019 年 1 月 1 日至 2019 年 1 月 31 日

扣缴义务人名称：爱家房地产有限公司

扣缴义务人纳税人识别号（统一社会信用代码）：

金额单位：人民币元（列至角分）

序号	姓名	身份证件类型	身份证件号码	纳税人识别号	是否为非居民个人	所得项目	收入额计算				本月（次）情况 专项扣除				其他扣除						累计情况（工资、薪金）			累计专项附加扣除					累计其他扣除	减按计税比例	准予扣除的捐赠额	税款计算							备注
							收入	费用	免税收入	减除费用	基本养老保险费	基本医疗保险费	失业保险费	住房公积金	年金	商业健康保险	税延养老保险	财产原值	允许扣除的税费	其他	累计收入额	累计减除费用	累计专项扣除	子女教育	赡养老人	住房贷款利息	住房租金	继续教育	累计其他扣除	减按计税比例	准予扣除的捐赠额	应纳税所得额	税率/预扣率%	速算扣除数	应纳税额	减免税额	已扣缴税额	应补（退）税额	
1	2	3	4	5	6	7	8	9	10	11	12	13	14	15	16	17	18	19	20	21	22	23	24	25	26	27	28	29	30	31	32	33	34	35	36	37	38	39	40
1	王玉祥				否	工资薪金	8000	0	0	5000	640	160	80	560	0	0	0	0	0	0	8000	5000	2400	0	2000	0		400	1440	0		0	3	0	0	0	0	0	
2	赵雯				否	工资薪金	14000	0	0	5000	1120	280	140	980	0	200	0	0	0	0	14000	5000	3500	1000	1000	1000	1500		2520	0		2980	3	0	89.4	0	0	0	
3	李倩倩				否	工资薪金	45000	0	0	5000	3600	900	450	3150	0	0	0	0	0	0	45000	5000	3000	1000	1000	1000			8100	0		28900	10	2520	370	0	0	0	
4																																							
5																																							
6																																							
7																																							
8																																							
合计							67000	0	0	15000	5360	1340	670	4690	0	200	0	0	0	0	67000	15000	8900	2000	4000	1000	1500	400	12060	0		31880	16	2520	459.4	0	0	0	

谨声明：本扣缴申报表是根据国家税收法律法规及相关规定填报的，是真实的、可靠的、完整的。

扣缴义务人（签章）：

代理机构签章：

代理机构统一社会信用代码：

经办人签字：

经办人身份证号码：

受理人：

受理税务机关（章）：

受理日期： 年 月 日

2019 年 2 月 1 日

四、个人所得税纳税申报表

（一）个人所得税扣缴申报表

个人所得税纳税申报表是缴纳个人所得税的纳税人按期向税务机关申报纳税期应纳税额所填制的一种表格。法律规定个人所得税，以所得人为纳税义务人，以支付所得的单位或者个人为扣缴义务人，扣缴义务人应当按照国家规定办理全员全额扣缴申报。

纳税人首次享受专项附加扣除，应当将相关信息提交扣缴义务人或者税务机关，扣缴义务人应尽快将相关信息报送税务机关，纳税人对所提交信息的真实性负责。专项附加扣除信息发生变化的，应当及时向扣缴义务人或者税务机关提供相关信息。

扣缴义务人向居民个人支付工资、薪金所得，劳务报酬所得，稿酬所得，特许权使用费所得时，按规定方法预扣预缴个人所得税，并向主管税务机关报送"个人所得税扣缴申报表"。年度预扣预缴税额与年度应纳税额不一致的，由居民个人于次年3月1日至6月30日向主管税务机关办理综合所得年度汇算清缴，税款多退少补。

例7-6　上海爱家房地产有限公司总部有三名员工，2019年1月份有关工资薪金的资料如下：

① 出纳王艺菲，月工资薪金8 000元，系独生子女，父母中有一位年龄超过60岁，本人专升本在读，一年学费5 000元。

② 管理人员赵雯，月工资薪金14 000元，家中有一个正在读小学的孩子，与哥哥一起赡养年龄60岁以上的父母，作为承租人每月支付住房租金2 400元。

③ 经理李俊恺，月工资薪金45 000元，家中有一个正在读高中的孩子，与妹妹一起赡养年龄70岁以上的父母，每月需支付首套住房贷款利息1 250元，另外其本人还购买了一份符合个税扣除条件的商业健康保险，年缴保费2 640元。

要求：试填写2019年1月份个人所得税扣缴申报表（假定基本养老保险费、基本医疗保险费、失业保险费、住房公积金分别按工资薪金数额的8％、2％、1％和7％缴纳）。

（二）个人所得税经营所得纳税申报表

个体工商业户的生产、经营所得和对企事业单位的承包经营、承租经营所得应纳的税款，由纳税义务人在年度终了30日内缴入国库，并向税务机关报送纳税申报表。纳税义务人在一年内分次取得承包经营、承租经营所得的，应当在取得每次所得后7日内预缴，年度终了3个月内汇算清缴，多退少补。

实际工作中对个体工商业户的生产、经营所得和对企事业单位的承包经营、承租经营所得应纳的个人所得税税款，通常采用带征税方式征税，只要符合税收管理规定，由税务机关核定实行按销售额或营业收入带征方式征收个人所得税，相当于核定征收。

核定征收是税务机关对不能完整、准确提供纳税资料的纳税人，采用特定方法确定其应纳税收入或应纳税额，纳税人据以缴纳税款的一种征收方式。采用这种方式征税，只看收入总额，不考虑企业成本费用多少，是否盈利以及盈利大小等。对于核定征收，企业应交的个人所得税的计算公式为：

$$应交所得税 = 收入总额 \times 应税所得率 \times 所得税税率$$

例7-7　上海众创管理咨询有限公司2019年1月份共开出销售发票人民币1 330 188.64

元,税务机关核定的应税所得率为10%(即销售利润率)。

要求:试填写 2019 年 1 月份个人所得税经营所得纳税申报表。

图表 7-7

个人所得税经营所得纳税申报表(A 表)

税款所属期:2019 年 01 月 01 日—2019 年 01 月 31 日

纳税人姓名:	陈天鸣			

纳税人识别号:310104198310100046　　　　　　金额单位:人民币元(列至角分)

被投资单位信息	名称	上海众创管理咨询有限公司	社会统一信用代码	91610223324315853W
征收方式	□查账征收(据实预缴)　　□查账征收(按上年应纳税所得额预缴)　　■核定应税所得率征收　　□核定应纳税所得额征收　　□税务机关认可的其他方式_____			

项　目	行次	金额(比例)
一、收入总额	1	1 330 188.64
二、成本费用	2	0
三、利润总额(3＝1－2)	3	1 330 188.64
四、弥补以前年度亏损	4	0
五、应税所得率(%)	5	0.1
六、合伙企业个人合伙人分配比例(%)	6	100
七、允许扣除的个人费用及其他扣除(7＝8＋9＋14)	7	0
(一)投资者减除费用	8	0
(二)专项扣除(9＝10＋11＋12＋13)	9	0
1、基本养老保险	10	0
2、基本医疗保险	11	0
3、失业保险	12	0
4、住房公积金	13	0
(三)其他(14＝15＋16＋17)	14	0
1、商业健康保险	15	0
2、税延养老保险	16	0
3、其他扣除	17	0
八、应纳税所得额	18	133 018.86
九、税率(%)	19	0.2
十、速算扣除数	20	10 500
十一、应纳税额(21＝18×19－20)	21	16 103.77

项　目	行次	金额（比例）
十二、减免税额（附报《个人所得税减免税事项报告表》）	22	0
十三、已预缴税额	23	0
十四、应补（退）税额（24＝21－22－23）	24	16 103.77

　　谨声明：此表是根据《中华人民共和国个人所得税法》及有关法律法规规定填写的，是真实的、完整的、可靠的。

纳税人签字：　　　　　年　月　日

代理机构（人）签章： 代理机构（人）经办人： 执业证件号码： 代理申报日期：　　年　月　日	主管税务机关受理专用章： 受理人： 受理日期：　　年　月　日

国家税务总局监制

　　图表 7-7 中：应纳税所得额 133 018.86 元是用销售额 1 330 188.64 元乘以应税所得率 10%计算得到，然后查个人所得税税率表二（经营所得适用），落在第三档，税率为 20%，速算扣除数为 10 500 元，应纳税额为：133 018.86×20%－10 500＝16 103.77（元）。

　　随着以后月份的推进，收入总额将逐步增加，查个人所得税超额累进税率表时，税率可能落在第四档 30%、第五档 35%。当然速算扣除数也随之相应增大。

> **小知识 7-1**
>
> 　　作为上海众创管理咨询有限公司的法人，陈天鸣需要缴纳企业所得税，但由于该企业属于个体工商户，所以该企业不是缴纳企业所得税，而是缴纳个人所得税（注意申报表中纳税人姓名陈天鸣）；作为居民个人，陈天鸣从上海众创管理咨询有限公司领取的工资薪金所得，还需要缴纳个人所得税（按居民个人取得综合所得缴纳）。

第三节　纳税申报的注意事项

一、税款征收制度

　　税款征收制度，是指税务机关按照税法规定将纳税人应纳的税款收缴入库的法定制度。它是税收征收管理的中心环节，直接关系到国家税收能及时、足额入库。

　　税款征收是税务机关依照税收法律、法规规定将纳税人应当缴纳的税款组织征收入库的一系列活动的总称，是税收征收管理的核心内容，是税务登记、账簿票证管理、纳税申报等税务管理工作的目的和归宿。

　　税款征收的主要内容包括税款征收的方式、程序，减免税的核报，核定税额的几种情况，税收保全措施和强制执行措施的设置与运用以及欠缴、多缴税款的处理等。

税款征收制度的基本要求包括税款征收的基本要求和税款缴纳的基本要求。

（一）税款征收的基本要求

《税收征管法》在第5条中明确规定"国务院税务部门主管全国的税收征收管理工作。各地国家税务局和地方税务局应当按照国务院的规定的税收征收管理范围分别进行征收管理"，并在第三章中作出了具体的规定。根据《税收征管法》及其实施细则的规定，税务机关在办理税款征收业务时，必须严格按照以下要求进行：

（1）税务机关应当依照法律、行政法规的规定征收税款，不得违反法律、行政法规的规定开征、停征、多征、少征、提前征收、延缓征收或者摊派税款。

（2）扣缴义务人依照法律、行政法规的规定履行代扣、代收税款的义务。对法律、行政法规没有规定负有代扣、代收税款义务的单位和个人，税务机关不得要求其履行代扣、代收税款义务。对依法负有代扣代缴、代收代缴义务的扣缴义务人，税务机关应按照规定付给其手续费。

（3）税务机关征收税款时，必须给纳税人开具完税凭证。扣缴义务人代扣、代缴税款时，纳税人要求扣款义务人开具代扣、代收税款凭证的，扣缴义务人应当给纳税人开具完税凭证。完税凭证的式样，由国家税务总局制定。

（4）国家税务局和地方税务局应当按照国家规定的征收管理范围和税款入库预算级次，将征收的税款缴入国库。

（二）税款缴纳的基本要求

《税收征管法》在第4条中明确规定"纳税人、扣缴义务人必须依照法律、行政法规的规定缴纳税款、代扣代缴、代收代缴税款"，并在第三章中作出了详细的规定。其中最基本的要求是：纳税人、扣缴义务人应当按照法律、行政法规的规定或者税务机关依照法律、行政法规的规定确定的期限，缴纳或者解缴税款。未按规定期限缴纳税款或者解缴税款的，税务机关除责令限期缴纳外，应从滞纳税款之日起，按日加收滞纳税款万分之五的滞纳金等。

（三）执行措施

《税收征管法》第38条、第40条分别规定了税收保全措施和税收强制执行措施。对纳税人不按规定缴纳税款的行为，税务机关可以依法采取税收保全措施和税收强制执行措施。

1. 税收保全措施

所谓税收保全措施，是指为确保国家税款不受侵犯而由税务机关采取的行政保护手段。《税收征管法》第38条明确规定了税收保全措施：税务机关有根据认为从事生产、经营的纳税人有逃避纳税义务行为的，可以在规定的纳税期之前，责令限期缴纳应纳税款；限期内发现纳税人有明显的转移、隐匿其应纳税的商品、货物以及其他财产或者应纳税的收入的迹象的，税务机关可以责成纳税人提供纳税担保。如果在纳税人不能提供纳税担保，经县以上税务局（分局）局长批准，税务机关可以采取税收保全措施：如书面通知纳税人开户银行或者其他金融机构冻结纳税人的金额相当于应纳税款的存款；扣押、查封纳税人的价值相当于应纳税款的商品、货物或者其他财产等。

2. 税收强制执行措施

所谓税收强制执行措施，是指税务机关在采取一般税收管理措施无效的情况下，为了维

纳税实务

护税法的严肃性和国家征税的权利所采取的税收强制手段。这不仅是税收的的无偿性和固定性的内在要求,也是税收强制性的具体表现。

《税收征管法》第40条赋予了税务机关必要的强制执行权。根据此条规定,从事生产、经营的纳税人、扣缴义务人未按照规定的期限缴纳或者解缴的税款,纳税担保人未按照规定的期限缴纳所担保的税款,由税务机关责令限期缴纳,逾期仍未缴纳的,经县以上税务局(分局)局长批准,税务机关可以采取下列强制执行措施:

(1)书面通知其开户银行或者其他金融机构从其存款中扣缴税款。

(2)扣缴、查封、依法拍卖或者变卖起价值相当于应纳税款的商品、货物或者其他财产,以拍卖或者变卖所得抵缴税款。个人及其所抚养家属维持生活所必需的住房和用品,不在强制执行措施的范围内。

税务机关采取强制执行措施时,对上述所列纳税人、扣缴义务人、纳税担保人未缴纳的滞纳金同时强制执行。但是,税务机关在采取强制执行措施时,要有确切的证据并严格按法律规定的条件和程序进行,决不能随意行使强制执行权。

(四)税款的退还与追征

《税收征管法》第51条的规定,纳税人不论何种原因超过应纳税额多缴纳的税款,税务机关发现后应当立即退还;纳税人自结算缴纳税款之日起3年内发现的,可以向税务机关要求退还多缴的税款并加算银行同期存款利息,税务机关及时查实后应立即退还;涉及从国库中退库的,依照法律、行政法规有关国库管理的规定退还。如果纳税人在结清缴纳税款之日起3年后才向税务机关提出退还多缴税款要求的,税务机关将不予受理。

《税收征管法》第52条规定,税务机关对超过纳税期限未缴或少缴税款的纳税人可以在规定的期限内予以追征。根据该条规定,税款的追征具体有以下三种情形:

(1)因税务机关的责任,致使纳税人、扣缴义务人未缴或者少缴款的,税务机关在3年内可以要求纳税人、扣缴义务人补缴税款,但是不得加收滞纳金。

(2)因纳税人、扣缴义务人计算错误等失误,未缴或者少缴款的,税务机关在3年内可以追征税款,并加收滞纳金;有特殊情况的(即数额在10万元以上的),追征期可以延长到5年。

(3)对因纳税人、扣缴义务人和其他当事人偷税、抗税、骗税等原因而造成未缴或者少缴的税款,或骗取的退税款,税务机关可以无限期追征。

(五)税收优先权

税收优先权是指当国家征税权力与其他债权同时存在时,税款的征收应优先于其他债权。《税收征管法》第45条明确规定为:"税务机关征收税款,税收优先于无担保债权,法律另有规定的除外;纳税人欠缴的税款发生在纳税人以其财产设定抵押、质权或者纳税人的财产被留置之前的,税收应当先于抵押权、质权、留置权执行。纳税人欠缴税款,同时又被行政机关决定处以罚款、没收违法所得,税收优先于罚款、没收违法所得。"

所谓"法定另有规定的除外",主要是指《企业破产法(试行)》等法律所规定的破产费用、职工工资和劳动保险费等债权,即相对于企业的破产费用、所欠职工工资和劳动保险费而言,没有税收优先权。

(六)违反税款征收制度的法律责任

(1)纳税人伪造、变造、隐匿、擅自销毁账簿、记账凭证,或者在账簿上多列支出、不列收入,或者经税务机关通知申报而不申报或者进行虚假的纳税申报、不缴或者少缴应纳税款的,或者缴纳税款后,以假报出口或者其他欺骗手段,骗取所缴纳税款的行为,即偷税。对纳税人的偷税行为,由税务机关追缴其不缴或者少缴的税款、滞纳金,并处不缴或者少缴的税款50%以上5倍以下的罚款。

扣缴义务人采取前款所列手段,不缴或者少缴已扣、已收税款,由税务机关追缴其不缴或者少缴的税款、滞纳金,并处不缴或者少缴的税款50%以上5倍以下的罚款。

(2)纳税人不进行纳税申报,不缴或者少缴应纳税款的,由税务机关追缴其不缴或者少缴的税款、滞纳金,并处不缴或者少缴的税款50%以上5倍以下的罚款。

(3)以暴力、威胁方法拒不缴纳税款的,除由税务机关追缴其拒缴的税款、滞纳金外,依法追究刑事责任。情节轻微,未构成犯罪的,由税务机关追缴其拒缴的税款、滞纳金,并处拒缴税款1倍以上5倍以下的罚款。

(4)纳税人欠缴应纳税款,采取转移或者隐匿财产的手段,妨碍税务机关追缴欠缴的税款的,由税务机关追缴欠缴的税款、滞纳金,并处欠缴税款50%以上5倍以下的罚款。

(5)以假报出口或者其他欺骗手段,骗取国家出口退税款的,由税务机关追缴其骗取的退税款,并处骗取税款1倍以上5倍以下的罚款;对骗取国家出口退税款的,税务机关可以在规定期限内停止为其办理出口退税。

(6)纳税人、扣缴义务人在规定期限内不缴或者少缴应纳或者应解缴的税款的,经税务机关责令限期缴纳,逾期仍未缴纳的,税务机关除依照《税收征管法》第40条的规定采取强制执行措施追缴其不缴或者少缴的税款外,可以处不缴或者少缴的税款50%以上5倍以下的罚款。

(7)扣缴义务人应扣未扣、应收而不收税款的,由税务机关向纳税人追缴税款,对扣缴义务人处应扣未扣、应收未收税款50%以上3倍以下的罚款。

(8)纳税人、扣缴义务人逃避、拒绝或者以其他方式阻挠税务机关检查的,由税务机关责令改正,可以处1万元以下的罚款;情节严重的,处1万元以上5万元以下的罚款。

(9)非法印制、转借、倒卖、变造或者伪造完税凭证的,由税务机关责令改正,处2000元以上1万元以下的罚款;情节严重的,处1万元以上5万元以下的罚款。

(10)为纳税人、扣缴义务人非法提供银行账户、发票、证明或者其他方便,导致未缴、少缴税款或者骗取国家出口退税款的,除没收其违法所得外,可以处未缴、少缴或者骗取的税款1倍以下的罚款。

(11)税务代理人违反税收法律、行政法规、造成纳税人未缴或者少缴税款的,除由纳税人缴纳或者补缴应纳税款、滞纳金外,对税务代理人处纳税人未缴或者少缴税源50%以上3倍以下的罚款。

(12)纳税人、纳税担保人采取欺骗、隐瞒等手段提供担保的,由税务机关处以1000元以下的罚款;属于经营行为的,处以1万元以下的罚款。

(13)非法为纳税人、纳税担保人实施虚假纳税提供方便的,由税务机关处以1000元以下的罚款。

(14)纳税人采取欺骗、隐瞒等手段提供担保,造成应缴税款损失的,由税务机关按照《税收征管法》第68条规定处以未缴、少缴税款50%以上5倍以下的罚款。

二、税款征收方式

科学合理的税款征收方式是确保税款顺利足额征收的前提条件。由于各类纳税人的具体情况不同,因而税款的征收方式也应有所区别。现阶段可供选择的税款征收方式主要有以下几种。

(一)查账征收

查账征收是指纳税人在规定的期限内根据自己的财务报告表或经营成果,向税务机关申报应税收入或应税所得及纳税额,并向税务机报送有关账册和资料,经税务机关审查核实后,填写纳税缴款书,由纳税人到指定的银行缴纳税款的一种征收方式。因此,这种征收方式比较适用于对企业法人的征税。

(二)查定征收

查定征收是指由税务机关通过按期查实纳税人的生产经营情况确定其应纳税额,分期征收税款的一种征收方式。这种征收方式主要适用于对生产经营规模小,财务会计制度不够健全、账册不够完备的小型企业和个体工商户的征税。

(三)查验征收

查验征收是指税务机关对某些难以进行源泉控制的征税对象,通过查验证照和实物,据以确定应征税额的一种征收方式。在实际征管工作中,这种方式又分就地查验征收和设立检查站两种形式。对财务会计制度不健全和生产经营不固定的纳税人,可选择采用这种征收方式。

(四)定期定额征收

定期定额征收是指税务机关根据纳税人的生产经营情况,按税法规定直接核定其应纳税额,分期征收税款的一种征收方式。这种征收方式主要适用于一些没有记账能力,无法查实其销售收入或经营收入和所得额的个体工商户。

(五)自核自缴

自核自缴是指纳税人在规定的期限内依照税法的规定自行计算应纳税额,自行填开税款缴纳书,自己直接到税务机关指定的银行缴纳税款的一种征收方式。这种方式只限于经县、市税务机关批准的会财务计制度健全,账册齐全准确,依法纳税意识较强的大中型企业和部分事业单位。

(六)代扣代缴、代收代缴

代扣代缴、代收代缴是指依照税法规定负有代扣代缴、代收代缴税款义务的单位和个人,按照税法规定对纳税人应当缴纳的税款进行扣缴或代缴的征收方式。这种方式有利于加强的对税收的源泉控制,减少税款流失,降低税收成本,手续也比较简单。

(七)委托征收

委托征收是指税务机关委托有关单位或个人代为征收税款的征收方式。这种方式主要适用于一些零星、分散难以管理的税收。

三、纳税申报流程和注意事项

(一)纳税申报流程

纳税申报方式有网上申报和上门申报,这里主要介绍网上申报的流程。

网上纳税申报是指纳税人、扣缴义务人经主管税务机关批准,通过网络,登录当地地税

纳税实务

144　第七章　税务纳税申报

局网站,进入纳税申报系统,输入税务代码和密码后在线进行纳税申报,并通过财税库银横向联网,委托金融机构划缴税费的一种电子报税方法。

网上申报的基本流程如下:

第一步填写申报表:利用"填写申报表"模块填写需申报的申报表。

第二步正式申报:利用"正式申报"模块将已填写并保存过的申报表正式申报到地税征管系统。

第三步网上划款:利用"网上划款"模块对正式申报的申报表进行开票,开票成功后,地税局会根据开票信息进行划款,纳税人可在一日后通过"网上划款"模块的实缴查询获取地税扣款信息。

第四步申报查询、划款查询:正式申报及网上划款结束后应利用"申报查询"、"划款查询"模块进行申报查询、划款查询。确保需要申报的申报表都已经申报、划款成功。

第五步打印申报表和完税证明:正式申报成功后,可以通过"申报查询"功能打印出申报表。

第六步打印凭证:扣款成功后,可以到开户银行打印完税凭证。

如果是上门申报,则需填写纳税申报表,报送主管税务局。

(二) 注意事项

(1) 纳税人在纳税期内没有应纳税款的,也应当按照规定办理纳税申报。

(2) 纳税人享受减税、免税待遇的,在减税、免税期间应当按照规定办理纳税申报。

(3) 纳税人因特殊困难,不能按期缴纳税款的,经省、自治区、直辖市税务局批准,可以延期缴纳税款,但是最长不得超过 3 个月。

小知识 7-2

办理减税、免税应注意的事项如下:

(1) 纳税人申请减税、免税,应向主管税务机关提出书面申请,并按规定附送有关资料。

(2) 减税、免税的申请须经法律、行政法规规定的减税、免税审查批准机关审批。

(3) 纳税人在享受减税、免税待遇期间,仍应按规定办理纳税申报,并按税务机关的规定报送减免税金统计报告。

(4) 纳税人必须按照法律、行政法规以及税务机关的规定使用减免税金;对不按规定用途使用的,税务机关有权取消其减税、免税待遇,并追回已减免的税款。

(5) 纳税人享受减税、免税的条件发生变化时,应当及时向税务机关报告,经税务机关审核后,停止对其减税、免税;对不报告的,税务机关有权追回相应已减免的税款。

(6) 减税、免税期满,纳税人应当自期满次月起恢复纳税。